MUJER, TE MERECES EL MUNDO

21 días de transformación interior profunda

ROSS. M.

Créditos

Tabla de contenido

Protege tu mente.

No permitas que aspectos internos y externos disminuyan tu autoestima.

Evalúa constantemente tu zona de confort.

Confronta los malos hábitos.

Confronta el miedo.

Sé exigente contigo misma.

DIA 4: Reconecta contigo para descubrir tu verdadera esencia

#1: Viaja en solitario.

#2: Escucha música.

#3: Escribe.

#4: Disfruta de una excursión por la naturaleza.

#5: Medita.

#6: Consume alimentos de manera consciente.

#7: Practica la aceptación.

#8: Caminar a solas.

#9: Identificar tus emociones y darles rienda suelta.

#10: Gestiona tu tiempo en coherencia con tus necesidades.

#11: Comparte momentos de silencio con personas de confianza.

#12: Plantéate preguntas esenciales.

DIA 5: Los inseparables: Pensamiento-Emoción

Toma absoluta consciencia de la interacción.

Expresa tus emociones de forma apropiada.

Procura un autocontrol de la impulsividad.

Afronta las emociones negativas.

Procura autogenerar de forma consciente y voluntaria las emociones positivas.

DIA 6: Vivir en armonía con las emociones

DIA 7: Pensamientos positivos vs pensamientos negativos

Filtrar.

Personalizar.

Dramatizar.

Polarizar.

Identifica aquellas áreas de tu vida que deseas cambiar.

Evalúa lo que estás pensando.

Rodéate de gente positiva que te apoye en tus propósitos.

Pon en práctica una charla positiva contigo misma.

Semana 2

DIA 8: Redescubrir la vida: momento a momento

Procura establecer buenas relaciones.

Evita ver las crisis como obstáculos imposibles de superar.

Acepta que el cambio es parte de la vida.

Muévete hacia tus metas.

Lleva a cabo acciones decisivas.

Busca oportunidades para descubrirte a ti misma.

Cultiva una visión positiva de ti misma

Mantén las cosas en perspectiva.

Nunca pierdas la esperanza.

Sé flexible ante los cambios.

Cuida de ti misma.

DIA 9: Dale un nuevo significado a tu vida

Recuerda siempre cuál ha sido tu propósito.

Determina aquello que consideras importante para ti.

Escribe los motivos para darle un mayor significado a tu vida.

Fíjate una meta.

Modifica la forma en la que piensas sobre tu profesión.

DIA 10: Cuestionando tus creencias

DIA 11: Cómo habitar el presente

Corta con los pensamientos de preocupación que están robando toda tu atención.

Explora el mundo del mindfullness.

Aprende ejercicios de relajación.

Juzga de manera racional tus expectativas y metas.

Aprende a gestionar la autoestima.

Realiza actividades deportivas.

Explora maneras de encontrar sentido a la vida.

DIA 12: La realidad vs. TU REALIDAD

Identifica las expectativas propias y sobre los demás.

Procura quitar el juicio de fondo.

Desecha los adjetivos calificativos sobre ti y sobre otras personas.

Concilia tu autoestima con lo que eres en esencia.

Libera la carga oculta.

Enfócate en lo que quieres sin aferrarte a un cómo.

DIA 13: Soy tu espejo y me reflejo: Lo que veo en ti, también vive en mí

DIA 14: Nada es personal

No asumas las desilusiones y batallas de forma personal.

No asumas la felicidad o las decepciones de otros de manera personal.

Semana 3

DIA 15: Practicando "la magia de volver a empezar"

Perdonar y superar

Autoconocimiento

Sigue el ritmo de tu pasión

Haz anotaciones

DIA 20: Aceptar y soltar

Hazte consciente de a qué te has apegado

Detén los pensamientos negativos

Escribe en una carta todo lo que te has negado a aceptar

Léela en voz alta

Quema la carta

En adelante disfruta cada momento

DIA 21: Vivir la vida a colores

Conclusión

Introducción

Valeria tiene 35 años de edad, y se pregunta por qué está en ese lugar, en esa casa, por qué tiene esa relación que la oprime. Ella no se siente conforme, y no sabe cómo abandonar la vida en la que aparentemente está presa, condenada.

En momentos ha tenido claridad, ha despertado con la idea de que todavía puede cambiar su realidad, y se ha despertado con una sonrisa, y ha preparado un café, entonces cuando le toca abrir la puerta de su casa para afrontar el día se desanima porque todavía sigue siendo presa de una realidad que no desea.

¿Qué necesita Valeria para decirle adiós de forma definitiva a esa realidad?

La respuesta es transformación interior profunda. Sí, todo inicia en nuestro ser interior, en la forma como vemos y percibimos la misma realidad y en la forma en la que nos vemos y percibimos a nosotras mismas.

Este libro tiene como objetivo guiarte hacia el despertar, para que inicies el proceso de transformación profunda a tal nivel que todo a tu alrededor comience a reconfigurarse.

Es momento de dar un alto a lo que no deseas, a eso que llega a ti y no te hace sentir conforme, tú tienes el poder para lograrlo y este libro te brindará los pasos para hacerte de ese poder y comenzar a ver los resultados que realmente deseas en tu vida.

Lo he dividido en 3 semanas, porque serán 21 días de transformación. Cada capítulo es un día, así cada semana, que son las 3 partes del libro, contienen 7 días o 7 capítulos para orientarte.

La intención es que veas este libro como un diario al cual acudir, que he escrito para ti basándome en mi experiencia y en las historias de muchas mujeres que, como tú, han estado inconformes, y han desatado la abundancia y la felicidad en sus vidas.

Tú puedes lograrlo, tienes el potencial. Si eres una de las "Valerias" del mundo, tengas 35 años, o menos o más, estás justo en el inicio de una nueva era para ti.

Así que te invito a leer detenidamente este libro que el mismo Universo ha llevado hasta ti.

Un abrazo.

Semana 1

Día 1: El rompecabezas de tu vida

¿Te pasa con frecuencia, que sientes que todo se encuentra desencajado y desordenado en tu vida, que no sabes cómo dar el siguiente paso, o no encuentras cómo resolver una situación que pareciera salirse de las manos?

La imagen de este escenario, ¡pareciera ser todo un rompecabezas!

Cuando procuras iniciar o continuar un rompecabezas un lluvioso domingo por la tarde, preparas un tiempo determinado en el que concentras todas tus destrezas para lograr identificar las similitudes y las diferencias de acuerdo al tamaño de cada pieza para que puedan encajar y lograr un lugar en el espacio destinado para ello.

Al final de muchos movimientos, en los que cambias de un sitio a otro las piezas, obtienes una experiencia significativa que te permite contemplar una imagen que comunica algo que adquiere sentido, cuando inicialmente todo estaba confuso. Por supuesto, también logras completar un reto que previamente te habías propuesto.

La vida también es un rompecabezas en el que construyes tu propia historia, y, al igual que estas piezas, requiere de tiempo y concentración, y exige otras destrezas para encontrar progresivamente su sentido y lograr con ello una preciosa experiencia. Tanto el rompecabezas de nuestro ejemplo, como la vida misma, presentan momentos de reflexión, frustración y ansiedad, al no encontrar la manera de unir algunas piezas. Estas sensaciones te invitan constantemente a ser determinante en potenciar la paciencia si deseas realmente lograr el reto.

A lo largo de tu vida vives experiencias como por ejemplo, una ruptura amorosa, la pérdida de un empleo, la noticia de un embarazo inesperado o la muerte de un ser querido. Estas suelen difíciles de comprender en la inmediatez, porque siempre te encuentras en la búsqueda de obtener estabilidad en todos aquellos aspectos que pueden generarte bienestar, y ocasionalmente esto se entiende como si fuera algo lineal y progresivo.

No obstante, es importante que seas determinada en recordar que todas las experiencias, incluyendo aquellas que no son deseadas, apuntan a un propósito de bienestar aun cuando percibes que te encuentras en un escenario incómodo: son lugares que sin duda te enseñarán lo necesario para ser más fuerte y consistente en tus metas y moldearán tu claridad en los valores que traes consigo.

Aquellas piezas que no encajan rápidamente y que te ponen en la situación quizás agobiante de moverte con frecuencia, están mostrándote diversidad de opciones creativas con las que puedes encontrar la manera de luego ir encajando otra pieza qué a lo mejor no tenías a la vista. Y esas opciones las puedes encontrar en los giros, en los cambios de sitio, en realizar una observación de manera panorámica y finalmente, en ir calculando y analizando como podría estar constituida la imagen que pareciera estar aún escondida para la vista.

Existen por lo menos cuatro grandes momentos en los rompecabezas, que, como la vida, también tiene sus semejanzas. No obstante, es fundamental qué tengas claro cuál es el tipo de rompecabezas que deseas formar.

Iniciar por los bordes.

La principal prioridad de tu vida es la relación que tengas con la espiritualidad, esto te permite tener un marco de referencia firme. Al encontrarse esta estructura en su lugar, se hará más sencillo que la pieza encaje en el rompecabezas interior. En este sentido, también es importante que tengas claro los valores sobre los cuales están basada tu vida. Esto implica que seas honesta en fortalecer aquellos que le dan significado a tu vida y que te implicarán cambios a nivel personal.

Separar las siguientes piezas por colores.

En tu vida hay diversidad de aspectos que merecen una atención específica, como lo es tu trabajo, tu familia, tu carrera, tu salud y tu economía. Es importante que tomes el tiempo de ordenar estos aspectos por categorías, para que puedas concentrarte en lo que quieres lograr en cada una. De esta manera puedes superar los retos que se presente.

Comenzar con una pieza y continuar comparándola con otras hasta poder encontrar en cuál encaja.

Tu vida consiste en intentar, probar, fallar e intentar nuevamente hasta que las piezas puedan encajar correctamente.

Es importante que procures no pensar que las piensas se arman en orden o de manera estrictamente lineal, especialmente, porque el rompecabezas de la vida es grande. Ocasionalmente, parece ser que las secciones estuvieran aisladas, pero progresivamente es posible identificar el vínculo de una pieza con otra.

Como lo mencionaba en otro momento, es un aspecto que exige mucha paciencia y determinación. Si te comprometes a trabajar con ahínco y a dedicar fielmente las horas necesarias podrás ver los progresos.

Tener una gran atención al detalle.

Cuando hablo al principio de la claridad del tipo de rompecabezas que quieres construir, tenerla te permite obtener una imagen general del rompecabezas, de manera que, podrás identificar en lo particular información relevante que pueda entregarte una pieza para que puedas completar una letra, una figura, un mensaje.

Contrario a un rompecabezas como juego de mesa donde las piezas vienen predeterminadas, en la vida hay piezas que se pueden descartar o se pueden crear.

Con el paso del tiempo, podrás identificar aquellas piezas que pueden ser descartadas y cuáles pueden ser creadas. De esta manera, sí bien es una tarea que debas realizar, no debe ser una preocupación inicial. Sí debe serlo el hecho de comprender la forma general del rompecabezas e iniciar acciones que conduzcan a los objetivos planteados de acuerdo a los valores en los cuales basas tu vida.

Finalmente, como toda actividad que requiere concentración y dedicación, es primordial que puedas destinar tiempos de descanso. Es posible que, al observar tu vida desde la perspectiva de un rompecabezas, procures la búsqueda de encajar las piezas una manera enérgica y detallada. Progresivamente, te obsesionarás con seguir intentando hasta llegar al punto de la frustración. Aquí es importante que tomes un descanso. Procura levantarte, salir del lugar donde estás para que tu mente pueda despejarse.

De esta manera podrás volver con más frescura, motivación y con una nueva perspectiva que te permita avanzar en la organización de las piezas.

DIA 2: Desarrollando y aumentando la CONSCIENCIA

Como seres humanos tenemos la tendencia y una mayor facilidad para enfocarnos en los aspectos negativos en lugar de procurar construir o imaginar las posibilidades. Nos encontramos constantemente en un entorno altamente ruidoso en este aspecto y acostumbramos a nuestra mente a ir de un lado a otro sin descanso, quitándole su capacidad de concentrarse.

El pensamiento puede llegar a ser tanto beneficio como nocivo, necesario o inútil dependiendo de las elecciones que hagas a partir de él.

Muchos pensamientos suelen ser innecesarios. Algunos de ellos llegan sin permiso y se instalan en tu vida. Si no hay una buena gestión de las actividades de tu mente, el cansancio mental se hará presente y será complejo recuperar el bienestar mental.

Adicionalmente, se presenta una fatiga que luego provocará dispersión, pereza, falta de atención y claridad, lo que dificulta la presencia de los momentos de inspiración, de creatividad.

Por esa razón, considero fundamental abordar el desarrollo y el progreso de la consciencia como factores fundamentales para crear caminos, explorar opciones y tener la serenidad suficiente para tomar decisiones concretas y correctas en diversas situaciones.

Una mañana de trabajo, puede implicarle a Lucía, periodista, observar diariamente las noticias del día para destacar algunas en la portada de su periódico. Es un entorno que la satura constantemente con las malas noticias, las cuales parecen llamar mucho más la atención de los lectores.

El bombardeo de información y las tareas que suelen acumularse en el campo de la comunicación le abruman con frecuencia.

Estas sensaciones le suelen obnubilar las posibilidades de observar con claridad mental los aspectos significativos de la vida, con lo que al final su consciencia mengua en desarrollo hacia el bienestar.

Por otro lado, desde estas circunstancias, Lucia presenta constantemente problemas respecto a la asertividad en las decisiones que toma, y, como resultado, experimenta fuertes conflictos con sus jefes, su pareja y su familia.

A lo mejor este escenario de vida sea similar al que vives en tu vida cotidiana, relacional o en tu trabajo. Desde este horizonte es necesario que te detengas un momento para que te preguntes de qué manera estás aumentando o menguando el progreso de tu consciencia.

Para esto es necesario que busques la claridad mental. Con ella, puede emerger de forma poderosa tu capacidad para planear, explorar opciones, diseñar caminos o estrategias, a partir de ejercicios sencillos en torno al pensamiento y las palabras.

De esta manera, podrás disfrutar los momentos y elegir aquellos pensamientos con los cuales deseas construir tu camino. Adicionalmente podrás ser más productiva y sentirte mucho mejor aunque el entorno sea agobiante.

El desarrollo de la consciencia te implicará cultivar pensamientos que te generen un valor propio y un valor para los demás. Conviene también evitar aquellos pensamientos que son negativos o que buscan pasar por encima de los demás, afectándolos. Y aunque teóricamente, esto parece ser fácil, al llevarlo a la práctica podrás encontrarte con una confrontación sobre tus intenciones y pasiones al llevar a cabo tus quehaceres en la cotidianidad.

No obstante, y aunque la mente no para y puedes sentirte agobiada, es necesario que te proveas de claridad mental para el desarrollo de tu consciencia para realizar tus actividades de forma exitosa.

La claridad mental no suele surgir de manera espontánea. Se logra reflexionando sobre tus pensamientos, filtrando la información que recibes y agradeciendo al resaltar lo que resulte positivo de la cotidianidad y sonriéndole a la vida.

Para lograr esto, procura un espacio en el que puedas estar en silencio a través de herramientas como la oración, la meditación o cualquier actividad que pueda mantenerte presente y concentrada.

Observa también, con atención, de qué manera estás pensando, si te quejas o emites juicios con frecuencia. Al analizar y filtrar los pensamientos dañinos que tenemos, también podrás filtrar aquello que recibes del exterior. Procura seleccionar la información de lo que ves, escuchas o lees. Toda información referente a noticias negativas, desastres, pueden aportarte una lectura bastante pesimista y te cultiva un escenario constante para la queja.

Al agradecer y encontrar lo positivo del día, estás entrenando a tu cerebro para que se enfoque en lo que es importante. De esta manera genera estímulos que le permiten progresar hacia un estado de bienestar.

Finalmente, puedes perfeccionar tu claridad mental al poner tu mente al favor en momentos abrumadores con estas 4 acciones:

Elige un pensamiento que te sirva como ancla hacia lo positivo.

Un ejemplo de ello puede ser el pensamiento "nada puede perturbar mi paz". El propósito es que puedas usarlo cada vez que te encuentras con algún pensamiento al que no quieras darle lugar.

Define como empezar tu día.

Al iniciarlo con buena energía te cargas de buena disposición para hacer lo que sea necesario. Recomiendo realizar tres respiraciones profundas y definir cuál es el pensamiento con el que quieres iniciar el día.

Enfócate en una cosa a la vez.

Evita a toda costa el multitasking. Define de forma consciente por cuál empezar y luego cuál debe seguir. Procura simplificar tus tareas de manera que sean sencillas y puedan prolongarte el enfoque.

Libera tu mente.

Escribe todos los pendientes que tengas para tenerlos fuera del espectro de pensamiento. De esta manera puedes organizarlos y priorizarlos para librar al cerebro de una carga innecesaria. Procura tener siempre algo en qué registrar lo que no deseas olvidar.

Tu pensamiento genera y emociones y sensaciones que luego se traducen en palabras y pueden moldear tus acciones y comportamientos.

Por esa razón, es importante que hagas consciencia del poder que tienes al desarrollar una consciencia desde la claridad mental a partir de lo que hablas y piensas. Lo que vives es consecuencia de lo que asumes al pensarlo.

Este ejercicio llevará tiempo y es probable que inicialmente sea difícil hacerlo por la cantidad de información interna y externa que es necesario descartar.

Como resultado podrás tener un mayor balance en la productividad, en la forma de trabajar y en la energía física, emocional y espiritual.

DIA 3: Como reescribir y rediseñar tu cerebro

Nuestro cerebro es maleable y puede modificar los malos recuerdos. En este ejercicio el cerebro reescribe los recuerdos que pueden ajustarse a nuestra forma de pensar en el momento justo. Y esto es importante porque el objetivo de la memoria es precisamente ayudarnos a tomar decisiones, resultado de experiencias anteriores.

Reescribir y rediseñar el cerebro ha permitido que personas con depresión o víctimas de una experiencia traumática puedan recuperarse.

Una persona puede acordarse de un suceso de forma diferente en cada etapa de su vida. En este sentido, los recuerdos pueden adaptarse al entorno que vivimos, el cual cambia constantemente con el objetivo de ayudarnos a sobrevivir y afrontar los problemas de forma exitosa.

Básicamente, reescribir y rediseñar el cerebro implica un profundo cambio de mentalidad, para que el comportamiento cambie y los objetivos puedan lograrse.

Es probable que seas una mujer que necesita tener un plan perfecto y tener todo en el lugar adecuado para dar por fin el salto a la decisión que estás posponiendo con frecuencia.

Quizás seas la mujer que tiene mucho talento y no has logrado el éxito que has querido siempre.

O a lo mejor seas aquella mujer ingeniosa que ha intentado muchas cosas en su vida, y luego terminas por aburrirte porque no percibes el cambio que esperabas.

Si deseas reescribir y rediseñar tu cerebro, debes cambiar tu mentalidad. Esto significa que necesitas entender que ya no existe una única manera de hacer, ni un único modelo a seguir para encontrar el camino al éxito o al bienestar.

Este cambio suele ser complejo porque somos personas que al tener creencias arraigadas, con frecuencia nos resistimos a los cambios.

Cuando te presentan nuevas formas de pensar, es probable que las ideas viejas compitan con las ideas nuevas y se genere un conflicto que puede abrumarte la idea de cambiar la mentalidad. La mente difícilmente aceptará que des lugar a ideas completamente distintas a las que ya tenías.

Existen algunos ejercicios que puedes realizar para orientarte a un cambio de mentalidad:

Verifica la calidad de la información que consumes.

Consulta temas de interés progreso y actualidad en sitios de confianza: aprende a seleccionar las fuentes.

Examina conscientemente si existe algo que te limite.

Identifica si algo de tu presente está retrasando motivaciones o avances. Ese aspecto puede ser emocional, psicológico, en el equipo de trabajo y lo económico. Al tenerlos identificados, procura una estrategia para solucionarlo o cambiarlo.

Lee sobre otras mujeres que ya lograron sus objetivos.

Puedes retomar las biografías de científicas, ingenieras y administradoras, que sirvan de inspiración para lo que quieras lograr.

Procura ser proactiva.

Asume la responsabilidad en todas tus acciones, al tomar el control de tu conducta. En este sentido, evita posponer y en su lugar organiza y delega, sin perderse de ser parte de lo que hay que realizar.

Analiza el nivel de apego que tienes en algunos aspectos.

Es probable que presentes apego en objetos materiales, personas, circunstancias y recuerdos que son desagradables y se repiten una y otra vez en tu vida. Esta situación puede dificultarte realizar un cambios profundos y darte la oportunidad de emprender cosas nuevas.

Cuando reconoces tu apego puedes fluir con mayor naturalidad hacia el cambio.

Protege tu mente.

He sido reiterativa con esto en otros momentos, pero tu mente es una herramienta fundamental de crecimiento y desarrollo que no puede descuidarse.

No permitas que aspectos internos y externos disminuyan tu autoestima.

Escribe en un diario aquello qué admiras profundamente de ti. Al hacerlo podrás reconfortarte en tus propias capacidades de superarte constantemente.

La autoestima es una construcción diaria. Lo que puede impedirte que logres mejores resultados en tus objetivos laborales, de pareja o de familia es carecer de capacidad de verte a ti misma con todo el potencial para lograrlos.

Evalúa constantemente tu zona de confort.

Uno de los grandes condicionamientos mentales, es precisamente la zona de confort. Allí no sucede nada nuevo, ya que es una constante rutina en los que se contemplan hechos aburridos que no añaden valor a tu vida.

En este sentido, es fundamental que cambies zonas conocidas por nuevas zonas, nuevas personas, nuevos libros y nuevas formas de hacer.

Confronta los malos hábitos.

Existen malas costumbres y malos hábitos en el pensamiento, que son fundamentales erradicar.

Aquí es importante desarrollar una capacidad de observación que te permita ver lo mejor que hay en todos los sucesos de tu vida y evitar aquellas cosas que te vuelve improductiva y perezosa.

Los malos hábitos no van a erradicarse de la noche a la mañana. Para lograrlo es necesario que pongas como objetivo acercarte a la mejor versión de ti misma al ser consciente de que puedes caer y es necesario que te levantes una vez más.

Confronta el miedo.

Este es un peligroso y potente problema para cambiar de mentalidad. Suele esconderse detrás de todo aquello que no te gusta de ti misma.

Tener miedo es natural. Lo que no es natural es hacer del miedo una pared que te impida cambiar todo aquello que te lleve a ser mejor.

Si creas de forma consciente pensamientos positivos podrás deshacerte de tu miedo y animarte a dar el salto que necesitas para ser la mejor versión de ti misma sin importar los resultados o las frustraciones que a lo mejor puedan aparecer en el camino. Te encontrarás con la seguridad de darlo todo en las oportunidades que te muestra la vida para crecer.

Sé exigente contigo misma.

No te conformes con lo que tienes o has logrado. Procura siempre la excelencia en lo que plantees y hagas. La constancia en este aspecto te permitirá asumir las cosas de manera integral, profunda e inteligente y esto te permitirá ejecutar tus metas de forma creativa y profesional.

Analiza cómo se desarrolló tu mentalidad desde niña. De esta manera podrás identificar, cómo esa manera de pensar ha venido afectando tus logros. Procura encontrar herramientas para generar nuevos hábitos que resignifiquen tus propósitos en la adultez.

DIA 4: Reconecta contigo para descubrir tu verdadera esencia

Catalina es esposa y madre de dos niños. Cuida con frecuencia de su madre que sufre de Alzheimer. Su vida gira en torno a que los niños estén bien, vayan a la escuela y que su esposo tenga el almuerzo empacado a tiempo para irse a trabajar. Por las tardes, se dirige a la casa de su mamá, donde se turna con otra hermana para cuidarla.

Nunca tiene tiempo para pensar en sí misma, incluso su esposo nota que ha perdido la energía y la vitalidad que la ha caracterizado desde que la conoció.

En el fondo, Catalina quiere volver a sentirse plena. Y no ser únicamente madre, esposa e hija: quiere concentrar sus fuerzas en el amor propio que considera un poco perdido.

Nuestra experiencia como mujeres, se encuentra con frecuencia llena de etiquetas que nos nombra por lo que históricamente hemos realizado en el hogar como cuidadoras. Y esta labor consume nuestro tiempo.

Con probabilidad, ese también es tu caso. Deseas conectar con tu esencia para lograr los deseos que guardas en lo profundo de tu corazón.

Para lograr conectar contigo misma, es necesario que conozcas tu propia historia y reserves un espacio para gestionar las emociones que allí se despierta.

Además, implica que seas cogerente y honesta con esas realidades y te proporciones una voluntad fuerte de escuchar y aceptar lo que eres.

A continuación te regalo algunas actividades que puedes realizar para conectar contigo misma.

#1: Viaja en solitario.

Prepara tu maleta, cuelga tu mochila en el hombro y viaja a solas a cualquier lugar donde puedas desconectarte de los deberes cotidianos y de las cosas que te generen estrés y ansiedad.

#2: Escucha música.

Busca un espacio adecuado para disfrutar de algunas canciones que te recuerden etapas especiales en tu vida. Este tipo de experiencias te transportan y te conectan de forma poderosa con tu historia.

#3: Escribe.

Una de las maneras profundas de conectar contigo es precisamente escribir tus pensamientos y reflexiones en un cuaderno personal. Este hábito te permite tomar consciencia de tus emociones (en especial aquella que es predominante) para conocerlas y gestionarlas.

#4: Disfruta de una excursión por la naturaleza.

Estoy segura de que, al realizar una salida por la naturaleza volverás a casa con la sensación de haberte desconectado. En la naturaleza encuentras lo esencia, lo armónico y lo auténtico. De esta manera puedes liberarte de superficialidades y conectarte en equilibrio con lo natural. ¡Experimentar la naturaleza es un maravilloso regalo para la vida!

#5: Medita.

Con esta técnica, puedes centrar la atención en tu respiración durante unos minutos: de esta manera podrás calmar tu mente y alejarte del ruido.

La meditación es una actividad muy poderosa porque te invita a mantenerte en el aquí y el ahora, observar tus emociones desde la ausencia de juicio y desarrollar la aceptación.

#6: Consume alimentos de manera consciente.

Es probable que el momento de comer no sea del todo agradable porque lo haces rápidamente para ahorrar tiempo e ir al trabajo.

Cuando logras consumir los alimentos de forma pausada puedes retomar la calma y agradecer por el placer de disfrutar las texturas y los sabores que pueden encontrarse en un plato de comida. La recomendación es que te concentres completamente en el acto de comer.

#7: Practica la aceptación.

La falta de ésta puede convertirse en una obsesión por reprenderte cada día. Al tener un enfoque consciente de la aceptación, evitas ahogar tus realidades con pensamientos felices y das el paso a entender tu realidad y aceptarla con comprensión.

#8: Caminar a solas.

Disfrutar de un paseo en solitario en lugares cercanos a tu residencia, y escuchando música puede brindarte la posibilidad de mantenerte concentrada en el momento presente. Podrás habitar el momento sin mayores distracciones qué las que tú te permitas.

#9: Identificar tus emociones y darles rienda suelta.

Muchas mujeres, quizá como le ocurre a Catalina, les cuesta manifestar sus emociones. Lo hacen para no sentirse vulnerables, o que esto genere tensiones en la rutina que llevan por mucho tiempo. De esta manera las emociones se quedan reprimidas en el corazón.

En este punto es necesario que recuerdes algo importante: el no comunicar o compartir externamente tus emociones no significa que tu interior no se sienta comunicado por algo.

Precisamente, el objetivo de tus emociones es revelarte información acerca de ti que a lo mejor pasas por alto. Por esta razón en el momento de conectar contigo misma es fundamental que prestes atención a tus emociones y observar que inseguridades, creencias y prejuicios se esconden allí.

#10: Gestiona tu tiempo en coherencia con tus necesidades.

El tiempo que decides reservar para tu propio disfrute y beneficio deben compaginar con tus necesidades y no de forma contraria.

Frecuentemente, invertimos el tiempo que parece sobrarnos luego de cumplir con nuestras responsabilidades a realizar actividades que nos llenan y motivan. Y esto debe cambiar.

La rutina diaria nos consume y malgastamos nuestro tiempo en actividades que nos alejan completamente de la conexión que deberíamos tener con nuestro interior.

Por esta razón, es importante disfrutar tiempo de calidad, y eso inicia cuando identificas tus necesidades, y las adecuas a tu agenda en consonancia con las prioridades.

#11: Comparte momentos de silencio con personas de confianza.

Los momentos de silencio suelen ser infravalorados. A veces olvidamos que el silencio es también una manera de expresarnos, siendo esto incluso más profundo que verbalizar con palabras.

¿Has compartido algún momento de silencio con alguien de tu confianza? Es sin duda una práctica que te favorece la conexión a otros niveles. Podrás vivir un estado más espiritual y menos contaminado y donde la autenticidad aflorará a través del silencio.

#12: Plantéate preguntas esenciales.

Aunque probablemente lo hagamos a menudo, en general hay una tendencia a cuestionarnos poco, inclusive en nuestros propios valores.

Cuando puedes atreverte a cuestionar lo que te rodea y lo que te han enseñado en tu infancia puedes liberarte de imposiciones ajenas y puedes conectarte con tu propia esencia.

En este sentido, las preguntas orientadoras pueden ser las siguientes ¿Qué es lo que puede ayudarme a sentirme bien? ¿Qué razones tengo para estar agradecida? ¿Cómo me he sentido hoy haciendo esta actividad?

Al incorporar este tipo de preguntas en tus actividades habituales podrás mantener el foco y la conexión. Adicionalmente, podrás tomar decisiones relevantes que puedan favorecer tu realización personal.

DIA 5: Los inseparables: Pensamiento-Emoción

La relación entre el pensamiento y la emoción es profunda y muy arraigada. Esa hermandad exige que pongamos como prioridad un equilibrio emocional para que el pensamiento pueda fluir de manera adecuada.

No obstante, existen experiencias en las cuales el pensamiento podría manifestarse mucho más rápido que una emoción.

Un ejemplo de ello es la historia de Camila que ingresó a una academia de inglés pero lo hizo en un salón equivocado. Ella se había inscrito en nivel básico y entro en el salón de inglés intermedio, aunque esto hacía parte de una prueba para observar sus reacciones.

Se trataba de una clase en la que los docentes hablaban inglés todo el tiempo.

Al dirigirse a Camila en el idioma inglés, ella no entendía, pero lograron comunicarle por señas de que podía observar la clase tranquilamente y que poco a poco entendería lo que se estaba hablando.

La clase comenzó realizando diversos ejercicios. Aquellos estudiantes que tenían un nivel medio entendían muy bien al profesor. Éste, se dirigió a un estudiante al cual le hizo algunas preguntas y éste se sintió incómodo.

Para el estudiante, la timidez apareció luego de que su pensamiento le enviara información al respecto. Cuando recibimos determinada información, la mente evalúa rápidamente de qué se trata y permite la manifestación de una emoción al respecto. Si la información es positiva tendremos una emoción positiva y viceversa. En este sentido, es imposible que las emociones existan sin el pensamiento.

Cuando el profesor se dirigió de nuevo a Camila, le hizo las mismas preguntas, pero ella no sentía ninguna emoción respecto a la información porque no la comprendía. Sus compañeros pensaron que se encontraba relajada y cómoda, por su disposición para aprender.

Al terminar la sesión, Camila expresó que se sentía sorprendida, pues se considera una mujer tímida e insegura. Pero como no comprendía nada, no se manifestaba ninguna emoción negativa. Su mente, al no recibir información en un lenguaje claro, no podía realizar sus respectivas interpretaciones internas. Puede suceder en tu caso, que alguien te echa un halago, diciéndote que te ves guapa y elegante. Si tienes complejos contigo misma, sentirás malestar porque en tu interior interpretas que te lo dicen por cumplir o para animarte.

En este sentido, es urgente que comprendas que tú misma creas las emociones con las interpretaciones interiores que realizas cada vez que recibes información. Y aunque, no te des cuenta de lo que estás pensando, las evaluaciones sobre ti misma las haces inconscientemente. Por esta razón es clave que puedas controlar tus emociones a través de la consciencia de las interpretaciones internas que hagas al recibir determinada información.

Cuando sientas malestar sobre algo que te han dicho, procura plantearte qué piensas al respecto, para evaluar que tanto daño puedes permitirte que te haga. Si eres capaz de detectar la evaluación negativa que realices y la cambias, tus emociones cambiarán. Analizar conscientemente tu estructura de pensamiento, puede llegar a ser una herramienta valiosa para darle una orientación a tus emociones. Recomiendo algunos ejercicios para el pensamiento, con los que podrás tomar el control de tus emociones:

Toma absoluta consciencia de la interacción.

También toma consciencia de la diferencia que existe entre la emoción, el pensamiento y el comportamiento. Es importante que recuerdes que los estados emocionales inciden fuertemente en el comportamiento, y ambos puede ser regulados a través del pensamiento.

Expresa tus emociones de forma apropiada.

Es importante que comprendas que el estado emocional interno no corresponde necesariamente con la expresión externa, tanto en ti misma como en las demás personas. Cuando existe un nivel de madurez, regular las emociones implica la comprensión de que la propia expresión emocional puede impactar a las personas de tu entorno.

Procura un autocontrol de la impulsividad.

En especial en emociones como la ira, la violencia, los comportamientos, y fortalece la tolerancia a la frustración como una manera de prevenir estados emocionales negativos como el estrés, la ansiedad y la depresión.

Afronta las emociones negativas.

Puedes hacerlo mediante la utilización de estrategias que te permitan autoregularte y que te permitan controla la intensidad y la duración de esos estados emocionales. Este ejercicio es muy importante en actividades en los que se suele debatir algún tema. Las emociones pueden sentirse y expresarse sin olvidar el contexto en el que te encuentres. En este sentido, puedes expresar el enfado sin necesidad de gritar, agredir, insultar o pegar. Mediante las palabras correctas puedes comunicar con firmeza cómo te sientes.

Procura autogenerar de forma consciente y voluntaria las emociones positivas.

Me refiero a las emociones como el amor, la alegría, el humor y autogestiona tu bienestar subjetivo en búsqueda de mejorar tu calidad de vida. Es fundamental que tengas presente que, tradicionalmente se ha intervenido pensando que el control emocional solo es necesario para las emociones negativas, pero una mirada amplia de la educación emocional nos indica que las emociones y los estados de ánimo positivos en uno mismo se inducen a través de ciertas habilidades.

Teniendo en cuenta los ejercicios anteriores, lograrás tener una tolerancia a la frustración, un manejo adecuado de la ira, la capacidad de retrasar algunas gratificaciones, desarrollas empatía y adquieres habilidades para afrontar situaciones de riesgo como la inducción al consumo de drogas.

Por otro lado es importante que tengas cuidado con los pensamientos automáticos. Estos se relacionan habitualmente con estados emocionales de carácter intenso como la ansiedad, la irá o la euforia. Se diferencian del análisis y la reflexión que pueden llevarse a cabo en situaciones de calma y sosiego donde eso común ofrecer un espacio al pensamiento racionalizado.

Los pensamientos automáticos son diálogos internos que se refieren a temas muy concretos con mensajes específicos. Por lo general aparecen como mensajes cortos en forma de palabras claves. Son pensamientos que pueden ser conscientes o inconscientes pero son involuntarios, es decir, son difíciles de controlar o evitar.

Algunos de los pensamientos automáticos son los siguientes:

1.   Pensamientos que seleccionan un solo aspecto de la situación y no se percata de otros aspectos que puedan contradecirlo.

2.   Pensamientos que producen conclusiones generalizadas a partir de un solo elemento como evidencia.

3.   Pensamientos con visiones catastróficas. Aquí la búsqueda es contrarrestar absolutamente todo con frecuencia. Este pensamiento se suele acompañar con la tendencia a compararse de forma continua con los demás.

La tarea, finalmente, es identificar estos pensamientos que se convierten en distorsiones cognitivas y que es necesario que tengan un tratamiento adecuado y consciente.

DIA 6: Vivir en armonía con las emociones

Con seguridad, habrás escuchado que las enfermedades se encuentran conectadas con las emociones. Y esto es cierto. Permitirse tener armonía con las emociones hace posible que el cuerpo se encuentre sano. Las emociones juegan un papel fundamental en todos los procesos de adaptación que sean deseados o imprevistos y en el desempeño diario de las actividades, las interacciones interpersonales y en nuestra salud.

Por esa razón, hago hincapié en la necesidad de establecer un equilibrio frente al pensamiento y las emociones.

Cuando las emociones son intensas y no tienes una herramienta que te permita controlarlas, puedes afectar tu salud sin darte cuenta. Es probable que pienses que determinada enfermedad es la culpable de tu migraña, de tu insomnio frecuente y de la poca productividad en tu trabajo, pero es posible que tu mente sea la causa de tu enfermedad.

Cuando Sara mantiene un pensamiento negativo en la cabeza durante un minuto por haber tenido un conflicto intenso e irritante con su mejor amiga, su sistema inmunológico queda durante unas cuatro horas en una situación de riesgo y predisposición a contraer enfermedades al debilitarse.

Si a esto, Sara le suma situaciones estresantes durante mucho tiempo, por causa de su trabajo, las demandas familiares y el estudio, podrá sufrir lesiones en las neuronas que son responsables del aprendizaje y a su vez, el cerebro sufre alteraciones que luego producirá modificaciones en su sistema hormonal, la cual naturalmente, ya es compleja.

En ese sentido, es urgente que aprendas a vivir con las emociones y gestionarlas de la manera adecuada por tu propia salud corporal y espiritual. Este conocimiento nos puede indicar que algo no funciona bien y que con seguridad, una enfermedad que se manifieste puede tener un origen emocional que no pudo ser gestionado adecuadamente.

Órganos como el corazón o el intestino, se relacionan con la alegría que puede estimularlos. Por otro lado, la agitación, el estrés o la ansiedad pueden provocar taquicardias, falta de concentración e insomnio.

Si eres una mujer que se desborda emocionalmente con frecuencia, es probable que tengas un desequilibrio cardíaco y digestivo.

Si vives con rabias, resentimientos, irritabilidad o ira, tu vesícula biliar y tu hígado pueden sufrir lesiones. También es posible que, al ser una mujer activa que se preocupa en exceso y que reacciona de manera desproporcionada en el momento, sufra de difícil digestión de las grasas, dolores en el costado derecho, presentar color amarillo en la piel, tener manchas oscuras y presentar problemas de visión. Otras emociones como el temor, la falta de autoestima y la timidez, suelen estar asociadas con los riñones, las glándulas suprarrenales y la vejiga. El miedo o la angustia pueden ocasionar infección urinaria y dolor lumbar. Tu energía se verá reducida con una disminución de metabolismo y alteraciones en los procesos de digestión.

Emociones como la tristeza, la aflicción o la melancolía puede afectar los pulmones. Sentirás opresión en el pecho, dificultad para respirar, asma, resfriados frecuentes, problemas circulatorios y falta de apetito.

Una emoción que ha sido frecuente y difícil de tratar es la frustración, y puede observarse cuando por ejemplo, tu misma sigues un régimen de ejercicio pero no te puedes deshacer de los kilitos extra. Te dan ganas de renunciar y comienzas a devorar una bolsa de papas fritas.

Lo que debes hacer es reconocer la frustración y después retar los pensamientos que llegan sobre el por qué sientes esa frustración. Luego te enfocas en lo que puedes o no puedes hacer. Para lidiar con los antojos es necesario concentrarse en las consecuencias negativas que surgen al caer en ellos: sentirse mal, culpable o molesta contigo misma. Luego observa las ventajas de evitarlos: sentirte orgullosa de ti misma, sana y fuerte.

En un momento determinado, las emociones pueden considerarse como adaptativas y dependerán de la evaluación que puedas hacer al estímulo, es decir, del significado que le des a este y el afrontamiento que llevarás a cabo. Existen estímulos emocionales que son altamente perturbadores que a lo mejor no dejen secuelas, como también existen estímulos emocionales que parece ser inocuos, pero que pueden ocasionar un daño importante en el cuerpo. La diferencia entre estas dos posibilidades radica en la percepción que tengas de estos estímulos. Dependiendo de la percepción que presentes a estos estímulos puede surgir también una respuesta desadaptativa. Esto significa que puedes estar indefinidamente enfadada, triste o aterrada cuando desaparezca el estímulo inicial. Esto genera sobreesfuerzos que son insostenibles en el tiempo y que pueden generarte un trastorno en tu salud física y mental.

Si te encuentras en días en los que las emociones no muy positivas se encuentran desbordadas, es necesario que te enfrentes a las enfermedades y a las situaciones diarias con el optimismo que merecen, y tener las emociones controladas para que el cuerpo pueda funcionar con toda la vitalidad posible. Esto permitirá que tengas una mayor defensa frente a enfermedades que poseas antes de conocer los efectos de la manifestación de las emociones en tu cuerpo y podrás prevenir enfermedades que puedan manifestarse a través de las emociones.

Finalmente, la invitación es que, junto a otros ejercicios que ya he nombrado en otros días añadas los siguientes, en una búsqueda por obtener las competencias emocionales necesarias para desenvolverte en la vida pública y privada y tener una mayor calidad de vida.

1. Realiza actividades físicas con regularidad. Prepara un tiempo y un determinado lugar para hacerlo. Necesitas que tu cuerpo obtenga vitalidad y energía a través del ejercicio físico.

2.   Busca más actividades de relajación como el yoga, el taichi o los masajes

3.   Procura mantener el buen humor, o busca aquellas actividades o personas que te permitan aprender a potencializarlo y a experimentarlo de manera intensa.

4.   Pasa tiempo con tu familia y amigos en actividades que te permitan salir de la rutina

5.   Conserva sagradamente aquellos momentos en los que puedes realizar actividades de todo tu gusto como leer, escuchar música o asistir a actividades culturales que sean de tu interés.

DIA 7: Pensamientos positivos vs pensamientos negativos

¿Se encuentra tu vaso medio vacío o medio lleno? La manera en cómo respondas esta pregunta respecto al pensamiento positivo podrá reflejar cuan es la visión de tu vida, la actitud que tienes hacia ti misma y como lo dije anteriormente, puede afectar tu salud. El pensamiento positivo no significa rechazar la realidad o ignorar las situaciones que menos agradables que puedas tener en la vida. El pensamiento positivo significa que tienes la capacidad de enfrentar lo desagradable de una manera más positiva y productiva.

Este pensamiento suele surgir con un diálogo interno, el cual es un flujo interminable de pensamientos no manifestados que pasan por tu cabeza. Estos pensamientos podrían ser positivos o negativos. Parte de ese diálogo interno proviene de lo que puedas analizar desde la razón y otra parte puede surgir de aquellas ideas erróneas que creas por falta de información.

Si los pensamientos que pasan por tu cabeza son negativos en su mayoría, es posible que tu perspectiva de vida sea pesimista. Si tus pensamientos son positivos con frecuencia, es probable que seas optimista.

El pensamiento positivo puede traerte beneficios en la calidad de vida y en la salud. Además puede aumentar la expectativa de vida, disminuir la tasa de depresión, generarte menos angustia, generarte un una mayor resistencia al resfriado común, tener bienestar psicológico y físico, mejorar la salud cardiovascular y disminuir la muerte por enfermedades cardiovasculares.

El pensamiento positivo también te llevan a tener un estilo de vida más saludable y presentas mucha más disposición a realizar actividades de ejercicio físico, a seguir una dieta sana y a evitar el alcohol y el cigarrillo.

Por otro lado, ¿estás seguro si tu diálogo interno es positivo o negativo?

Aquí expongo algunas formas de diálogo interno negativo que puedes identificar.

Filtrar.

Sueles exagerar los aspectos negativos de una situación y dejas de lado los positivos. Por ejemplo, tuviste un buen día en el trabajo, has terminado tus tareas y te reconocieron por haberlo rápido. Pero te concentras tanto en terminar más tareas que olvidas el reconocimiento que te han hecho.

Personalizar.

Cuando sucede algo malo, automáticamente te echas la culpa. Si se canceló un plan de salida con amigos, supones que el cambio de planes se generó porque nadie quiere estar al lado tuyo.

Dramatizar.

Anticipas lo peor para todo. En el restaurante donde comes, se han equivocado en el pedido y tú piensas que eso es la premonición de que todo el día estará mal.

Polarizar.

Procuras ver las cosas desde un extremo netamente malo o netamente bueno. Nunca hay un término medio. Sientes a lo mejor que tienes que ser perfecta o de lo contrario serás un desastre total.

Existe siempre la posibilidad de convertir los pensamientos negativos en positivos. Es un proceso simple que requiere tiempo y práctica. A continuación te recomiendo lo siguiente para lograrlo:

Identifica aquellas áreas de tu vida que deseas cambiar.

Y en las que constantemente tienes un pensamiento negativo. Puedes iniciar enfocándote en una sola área de manera que puedas tener una perspectiva optimista de ella. Luego seguirás con otras áreas.

Evalúa lo que estás pensando.

Si percibes un pensamiento negativo, analiza la forma como puedes darle a este un giro positivo.

Rodéate de gente positiva que te apoye en tus propósitos.

Personas en las que puedas confiar para que puedan brindarte consejos y opiniones de utilidad. Si te rodeas de gente negativa es probable que aumentes tus niveles de estrés y de paso, dudarás de tener la capacidad de controlarlo de manera saludable.

Pon en práctica una charla positiva contigo misma.

Haz uso de la regla "no digas a otro lo que no te dirías a ti misma". Procura alentarte a ti misma. Si un pensamiento sobre ocupa tu mente, evalúa y responde con afirmaciones sobre las cosas buenas que posees. Adicionalmente, procura agradecer.

Algunas de las siguientes frases, seguramente han ocupado un lugar en tu cabeza. Pero puedes cambiarlas por otras que diré simultáneamente en varios ejemplos.

1.   Si se presenta una posibilidad de hacer algo nuevo a lo mejor digas "Nunca lo he hecho" Puedes cambiarla por "Esta es una oportunidad de hacer algo bueno y enriquecedor"

2.   Existe una determinada tarea que te está generando dificultades. Es probable que digas "Es demasiado complicado" Puedes cambiarlo por "Voy a abordarlo desde un ángulo distinto"

3.   Te invitan a un plan que puede enriquecer tu conocimiento. Quizás digas: "No dispongo de los recursos". Puedes cambiarlo por algo como "Creo que la necesidad es madre de la invención. Veré como puedo lograr conseguir los recursos para hacerlo".

4.   Te ofrecen trabajar en una iniciativa que parece prometedora pero no te sientes muy animada. Es probable que digas "Soy demasiado perezosa para hacer esto". En lugar de ello podrías decir "No he podido adaptar esta iniciativa a mi agenda, pero puedo reevaluar ciertas prioridades e incluir esta"

5.   Te encuentras en una situación que exige profundos cambios. A lo mejor dirías algo como "Este es un cambio demasiado radical y no tengo la disposición de hacerlo". Podrías cambiarlo por un "Me arriesgaré".

6.   Percibes que nadie habla contigo. Es probable que pienses algo como "Nadie quiere comunicarse conmigo". Puedes dar un giro pensando lo siguiente "Veré si es posible abrir más canales de comunicación con quienes me rodean".

7.   Estás intentando mejorar algún proceso en tu trabajo. Probablemente pienses "No voy a mejorar esto". Podrías cambiarlo con un "Voy a intentarlo otra vez".

Si con estos ejemplos has identificado que a lo mejor tienes una actitud negativa, no esperes que la actitud optimista llegue de la noche a la mañana. Con práctica y con tiempo podrás tener un diálogo interno más saludable al criticarte menos y aceptarte más. También podrás ser menos crítico con las personas que te rodean.

Cuando tu mentalidad es altamente optimista, podrás manejar el estrés diario de una manera constructiva y esto podrá contribuir al beneficio de tu salud.

Semana 2

DIA 8: Redescubrir la vida: momento a momento

Daniela, es una chica joven que a los 25 años perdió su empleo y durante los primeros días de su finalización de trabajo recibió la noticia de que su padre falleció. No obstante, dos años y medio después, se encontró que lideraba uno de los procesos administrativos más exigentes de una empresa y creo una fundación con la que pudo ayudar a otros ancianos que presentaban la misma enfermedad de su papá.

¿Cómo enfrentan las personas los eventos difíciles que cambian su vida? Y, ¿cómo reaccionan a eventos altamente traumáticos como los accidentes o situaciones catastróficas?

Por lo general, es posible que tanto tú como yo podamos adaptarnos con el tiempo a situaciones que pueden cambiar drásticamente nuestra vida y que aumenten nuestro estado de tensión. ¿Qué será lo que nos permite adaptarnos?

La respuesta la encontramos en la resiliencia, la cual es un proceso que permite una buena adaptación a la adversidad, al trauma, amenaza, o cualquier otra fuente de tensión que sea significativa, como un problema familiar, un problema serio de salud, o situaciones de estrés ligadas a lo financiero o al trabajo.

Esto no quiere decir que al buscar ser resilientes tengamos que reprimir las angustias propias de las dificultades. El dolor emocional y la tristeza son emociones comunes pero también legítimas y están presentes en aquellas situaciones que sean traumáticas.

Con toda probabilidad, el camino a la resiliencia, se encuentre lleno de obstáculos que afecten nuestro estado emocional.

La resiliencia no es una característica que las personas tienen o no tienen. Esto incluye pensamientos, conductas y acciones que pueden ser aprendidas y desarrolladas por cualquier persona. Existen por lo menos diez formas con las que puedes construir resiliencia:

Procura establecer buenas relaciones.

Tanto con familiares cercanos y otras personas importantes en tu vida. Acepta la ayuda y apoyo de las personas que te quieren y te escuchan. Esto permite fortalecer la resiliencia. A lo mejor puedes hallar también acompañamiento en una comunidad de fe, u otros grupos que pueden proveerte de sostén social y esperanza. También puedes ayudar a otros que lo necesitan y esto puede ser de beneficio para tu proceso de recuperación.

Evita ver las crisis como obstáculos imposibles de superar.

Es claro que no puedes evitar que los eventos traumáticos ocurran, pero si puedes cambiar la manera como los interpretas y reaccionas ante ellos. Procura mirar más allá del presente y piensa que el futuro puede traer cosas buenas. Verifica si hay alguna forma sutil en la que puedas sentirte mejor mientras debes enfrentarte a las situaciones difíciles.

Acepta que el cambio es parte de la vida.

Es probable que las situaciones adversas, no te dejen ver la posibilidad de alcanzar ciertas metas. Al aceptar las circunstancias que no puedes cambiar podrás enfocarte en aquellas circunstancias que puedes transformar.

Muévete hacia tus metas.

Desarrolla algunas metas que puedan llevarse a cabo realmente. Elabora algo con regularidad que te permita llegar a la meta por pequeño que parezca. En lugar de enfocarte en tareas grandes, pregúntate por aquello que puedes lograr hoy y que te ayuden a orientar esos objetivos.

Lleva a cabo acciones decisivas.

Cuando te encuentres en situaciones adversas, actúa de la mejor manera que puedas. Llevar a cabo acciones decisivas es mucho mejor que dejar de lado los problemas y las tensiones y desear que éstas desaparezcan.

Busca oportunidades para descubrirte a ti misma.

Los eventos traumáticos puede traer aprendizajes en el manejo de las relaciones personales, un incremento en la fuerza personal y una fuerte apreciación por la vida.

Cultiva una visión positiva de ti misma.

Procura desarrollar tu confianza en la capacidad de resolver problemas y confiar en tus instintos.

Mantén las cosas en perspectiva.

Trata de considerar la situación que te causa tensión en un contexto más amplio y procura esa perspectiva a largo plazo, evita agrandar el evento fuera de sus proporciones.

Nunca pierdas la esperanza.

Una visión optimista te permitirá esperar que ocurran cosas buenas en su momento. Trata de visualizar lo que quieres en lugar de preocuparte por lo que temes.

Sé flexible ante los cambios.

Esto permitirá que puedas adaptar tus planes y reorientar tus metas cuando sea necesario. Procura abrirte a los cambios y valorar diversas alternativas, sin aferrarte de forma obsesiva a los planes iniciales.

Cuida de ti misma.

Presta atención a tus necesidades y deseos. Interésate en aquellas actividades que disfrutas y encuentras relajantes. Ejercítate con regularidad para permitir que tu mente y cuerpo se encuentre listos para enfrentarse a situaciones que requieran resiliencia.

Existen muchas más formas de fortalecer la resiliencia que pueden ser de ayuda. La clave siempre será identificar las actividades que te ayudan a construir una estrategia personal que desarrolle tu resiliencia.

Finalmente, es importante que puedas enfocarte en las experiencias y en tus fuentes de fortaleza personal con respecto al pasado. Esto puede ayudarme a identificar las estrategias para desarrollar resiliencia, y que pueden ser funcionales. Explora las respuestas que puedes brindar a las siguientes preguntas, como una orientación sobre lo que percibes de ti y las reacciones que tendrías a diversos retos en la vida. Con este ejercicio podrás descubrir cómo responder de forma efectiva a eventos difíciles:

1.   ¿Qué tipos de eventos te han resultado más difíciles de superar?

2.   ¿Cómo te han afectado estos eventos?

3.   ¿Cuándo te sientes estresada, te ha ayudado pensar en las personas importantes de tu vida?

4.   ¿Qué has aprendido sobre ti misma y tus interacciones con los demás durante los momentos difíciles?

5.   ¿Te ha ayudado sentir que puedes ser de apoyo a otras personas que pueden estar pasando por un por un problema similar?

6.   ¿Has podido superar los obstáculos? ¿De qué manera?

7.   ¿Qué te ha ayudado a sentirte más esperanzada sobre el futuro?

Finalmente, la resiliencia es una respuesta positiva a la perseverancia y a la confianza en las capacidades que puedes tener para ganar valor y perspicacia al navegar exitosamente en aguas turbulentas. Con seguridad podrás tener personas en las que puedes confiar y te acompañarán y abrazarán en este duro trayecto de vida.

DIA 9: Dale un nuevo significado a tu vida

La vida de Viviana ha estado pasando por altibajos bastante pronunciados. Hace algunos meses, después de tener a su hijo, su esposo falleció y quedó a la deriva, porque además, su muerte ocurrió justo cuando ella perdió un empleo que le exigía más tiempo del que ella podía ofrecer y él decidió cuidar económicamente de ambos.

Hasta ese entonces, Viviana había estado en varios trabajos donde su desempeño era profesional y se sentía feliz de haber elegido la carrera universitaria que la tenía en esos lugares. También imaginó que su matrimonio le brindaría estabilidad y felicidad, dos sueños que había tenido presentes durante su período universitario.

La llegada de su hijo, fue feliz hasta que sintió una profunda depresión por los sucesos acontecidos uno tras otro, sin dinero, sin un lugar a donde ir y con la responsabilidad de criar a su hijo. Para ella, el significado de la vida se fue. Se sentía desorientada.

En tu vida, es probable que te encuentres transitando por situaciones desbordantes que han ido opacando el significado de tu vida, cuando antes de que ocurriera todo te sentías segura y tranquila con todo lo que habías logrado, tal como le ocurrió a Viviana. Lo importante es no quedarse estancadas en el pensamiento de haberlo perdido todo: aún queda esperanzas de renacer y darle un giro distinto a las situaciones adversas.

El significado que le damos a nuestra vida se encuentra muy ligado a la motivación que podamos tener, es decir, aquello que nos recuerda la razón por la que nos debemos levantar todos los días.

La motivación es fundamental para el desarrollo de nuestra capacidad de ser conscientes de que somos nosotras las que elegimos lo que queremos que dé significado a nuestra vida.

Por esta razón, vale la pena detenerse a reflexionar con frecuencia sobre qué es lo que a ti te da sentido, y si ese algo ha sido elegido conscientemente.

Es probable que no tengas la respuesta sobre qué es lo que te motiva a levantarte cada mañana porque te sientes confusa en la situación difícil que estás pasando. Pero a lo mejor, justo ahí es donde puedes hallar la motivación para que el significado de la vida se renueve.

No obstante, es importante que tengas presente que en el camino tendrás que afrontar cosas que no te gustan y quizá quieras rechazar de plano. La búsqueda de felicidad, bienestar, salud o prosperidad en tu vida, trae consigo enfrentar esas situaciones y ponerlas en el lugar que corresponden porque te va a ayudar a conseguir lo que deseas.

Dejo a continuación algunas actividades y reflexiones que pueden orientarte.

Recuerda siempre cuál ha sido tu propósito.

Con las situaciones difíciles y el norte perdido, recordar tu propósito de vida te permitirá sostenerte aunque no se visualicen claridades.

Escribe en un cuaderno personal, cuáles son tus fortalezas y talentos, y piensa de qué manera puedes emplearlos en un espacio de trabajo o en un voluntariado.

Adicionalmente, tómate un momento en las noches durante una semana para relatar los acontecimientos y actividades que te hayan proporcionado energía, placer y un sentido pequeño de plenitud. Incluye también aquellas actividades que no lo hicieron. Revisa esta lista al final de la semana y reflexiona sobre las formas las que puedes maximizar las cosas que te ofrecen energía y disfrute.

Determina aquello que consideras importante para ti.

Elabora una lista con cinco cosas que sean importantes en tu vida, lego reflexiona si la forma en la que estás viviendo tu vida puede coincidir con cada una de ellas. Si no fuere así: ¿De qué forma puedes modificarla para incluir con éxito estas cosas que te parecen importantes?

A lo mejor desees colocar aspectos como tu salud o tu familia. También puedes incluir elementos como la curiosidad, la creatividad o la libertad.
Si por ejemplo, la creatividad es lo más importante en esa lista, pero trabajas como abogada, podrías analizar sobre la posibilidad de cambiar de trabajo o buscar maneras de incluir la creatividad asistiendo a actividades culturales que te permitan potenciarla.

Escribe los motivos para darle un mayor significado a tu vida.

Esto es fundamental si te encuentras en situaciones que te nublan esos motivos. Este ejercicio será de utilidad para que puedas ordenar tus pensamientos.

Ten presente que el significado de la vida no es lo mismo que la felicidad. Es posible que puedas ser feliz sin tener una vida con significado, pero también podrías tener una vida con significado y no siempre sentirte feliz. No quiero decir que la felicidad carezca de importancia, si no que el significado de la vida no siempre traerá felicidad.

Fíjate una meta.

Reflexiona sobre aquello que siempre has deseado hacer, por ejemplo, escribir una novela. Sin importar lo que sea, al fijarte una meta para cumplir ese sueño, podrás ir orientando tu propósito.

Es fundamental que dividas esa meta en metas específicas y manejables. Hay mucha evidencia que indica que existe probabilidad de cumplir una meta con éxito si puedes dividirla en pasos pequeños y logrables.
Escribe en tu cuaderno personal el progreso que tengas. Esto te permitirá tener una motivación aunque sea pequeña, ya que puede brindarte una oportunidad para que la motivación vaya creciendo y puedas observar lo lejos que has podido llegar.

Modifica la forma en la que piensas sobre tu profesión.

Si tienes un trabajo en que no te sientes a gusto, enfócate en ello. Puedes encontrar en la reflexión una motivación para que asistas a tu trabajo todos los días teniendo una meta de mejoramiento por llevar a cabo.

De la misma manera puedes intentar identificar formas pequeñas en las que tu trabajo puede ayudar a otras personas o a ti misma. Por ejemplo, si trabajas en un hogar infantil, no solo brindas ayuda a los niños que cuidas, también lo haces con sus familias ya que les permitirás que cuenten con un tiempo para trabajar y ocuparse de sus asuntos personales.

DIA 10: Cuestionando tus creencias

Sara es supervisora en una empresa grande que tiene a su cargo muchos empleados y muchos procesos de producción y distribución de productos. En su trayectoria de trabajo, tenido un desempeño relevante frente a otros compañeros con su mismo cargo. Varios de ellos le han propuesto que se presente al cargo de dirección en las próximas convocatorias, pero Sara admite que no tiene las competencias suficientes para lograrlo. Sus compañeros se sorprenden, porque saben que sí los tiene y puede llegar a ser una de las mejores directoras de la compañía.

A lo largo de tu vida, elaboras una construcción mental del mundo y de lo que te rodea para poder darle un sentido a tu existencia. Estas construcciones son precisamente las creencias, las cuales funcionan como un marco a partir del cual puedes interactuar con otras personas y escenarios.

Este proceso toma forma a través de las experiencias familiares en la infancia, y los grupos de socialización. Allí adoptamos muchas de sus creencias.

Valdría la pena que te preguntaras si tus creencias sobre la vida pueden estar atrapándote en relación con las experiencias y decisiones que debes tomar.

Cuanto más joven eres, menos capacidad tienes de analizar y cuestionar las creencias que te han transmitido para bien o mal. Por esta razón, estás funcionan de forma automática en tu mente e influye de forma poderosa en tu comportamiento y en tus emociones.

El problema se encuentra cuando esas creencias no te benefician o se convierten en obstáculos en tu desarrollo. Sin embargo, tienes el poder de sustituirlas por creencias que te ayuden a dar toda tu potencia.

Cuando una creencia se instala en tu mente, es probable que la consideres como una verdad absoluta. Por esa razón es tan difícil desecharla o cambiarla.

Así como ocurrió con Sara, es probable que si crees que no eres capaz de ser exitosa en tus finanzas, dejarás pasar oportunidades que te lleven a ello. Te declaras perdedora incluso antes de ir por esa oportunidad y pondrás excusas donde expreses que es arriesgado hacerlo o que no cuentas con la experiencia para lograrlo.

En este punto es importante que reflexiones sobre tus verdades absolutas, ya que estas son producto de la mente y solo son percepciones de la realidad.

A continuación recomiendo algunos pasos que pueden ayudarte a ver lo relativo de estas creencias para tomar decisiones al respecto.

1.   Acepta que te encuentras limitada y sesgada por tus creencias. Es importante que tengas presente

que tus pensamientos han sido previamente moldeados por recuerdos, percepciones y suposiciones sobre la realidad. Esto hace parte de nuestra cultura. Gracias a muchas de estas creencias puedes tomar decisiones rápidas que pueden salvar tu día o te pueden adaptar rápidamente a la vida en comunidad. No obstante, tus creencias te harán prisionera de tus equivocaciones por mucho tiempo y desde muchas ópticas. Al aceptar la existencia de estos errores en las creencias, podrás dar el paso siguiente para trabajar con ellas.

2.   Toma consciencia de tus creencias. Analiza las áreas de tu vida con las que no te encuentras satisfecha. Puedes analizar el área profesional, el sentimental y el de tu salud corporal y mental.

Luego, tómate el tiempo necesario para revisar cuales son las creencias que tienes respecto a cada una de ellas. Al escribirlas podrás ser mucho más consciente de su existencia.
Por ejemplo, en el área de las relaciones sentimentales a lo mejor crees que no eres suficientemente buena para ser querida. Cuando tomas consciencia de esta creencia puedes descubrir que esa creencia pudo haberte controlado mucho tiempo sin que te hubieras percatado de ello.
3.   Atrévete a cuestionar aquellas creencias que te limitan. Cuando hayas identificado las creencias que te limitan, hazte preguntas sobre ellas. Por ejemplo,

¿Por qué no me considero digna de ser amada? ¿Será porque alguien me hizo sentir así por no cumplir con las expectativas que tenía sobre mí? También podrías plantearte que a lo mejor lo que algunas personas les cuesta valorar de ti sea precisamente aquello que te hace única y especial.

4. Observa más allá de tus creencias. Procura buscar nuevas formas de afrontar la realidad que tienes en frente e interactúa con los demás. Al hacerlo encontrarás historias de otras personas que encontraron su camino a pesar de haber sido incomprendidas por sus las personas de su entorno. Busca modelos ajenos como fuente de inspiración para encontrar tu propio camino. También, puedes realizar un análisis profundo de tus creencias, al verificar si los pensamientos pueden adecuarse o no a determinada situación y si esto limita tu potencial.

5. Sustituye las creencias que te limitan por otras que te potencien. Aquí, es recomendable que escribas sobre tus creencias negativas, ya que mientras más consciente puedas ser de su existencia mayor control podrás tener en ellas. Realiza el ejercicio de sustituir tus creencias negativas por creencias positivas, o por las más adecuadas a tus expectativas y metas.

Es fundamental que tus nuevas creencias estén en sintonía con tus valores, es decir, puedes sustituir la creencia de que no eres digna de ser amada, por la creencia de que eres digna de ser amada porque eres tú misma, única y especial, y tu valor no depende de la aprobación de otras personas.

Cada vez que realices este ejercicio sobre todas tus creencias podrás lograr todo lo que te propongas.

6.   Proyecta tu futuro. Está claro que la actitud, las decisiones que tomes, tu estado de ánimo y los pasos que das van a influir poderosamente en lo que te pase después. Si quieres romper con una creencia arraigada es necesario que proyectes una nueva creencia, sintiendo todas las emociones necesarias que te indiquen lo lograste. Experimenta que ya has conseguido cambiar esa creencia y eres una persona con una creencia completamente distinta. Por lo pronto es una idealización de lo que será en un futuro, pero es necesario que lo hagas bien. Vacíate de toda creencia negativa para darle paso a todo aquello que te beneficiará en el futuro.

DIA 11: Cómo habitar el presente

La última relación sentimental que tuvo Daniela, le generó constantes conflictos con su pareja posterior. Ella, constantemente recordaba los malos momentos que tuvo con la otra persona y los trajo consigo en la nueva relación, y no pudo disfrutarla el tiempo que podría haberlo logrado. Con suerte, duró casi un año entre peleas y perdones.

Daniela deseaba tener una relación estable y tranquila, pero el recuerdo de su pasado le generaba miedos e incertidumbres qué traía a su relación del presente y le generaba confusiones a su expareja. El problema finalmente, fue no haber centrado y enfocado su relación en el presente con los elementos nuevos que estos podrían ofrecerle para disfrutarla relación.

Vivir en el modo presente significa interpretar todas las experiencias como si fueran parte de un conjunto que ofrece sensaciones únicas que solo se manifiestan en el aquí y el ahora. En este sentido, no es que experimentamos copias similares de momentos anteriores o que son anticipos de lo que viviremos en un futuro.

En este sentido, nuestra vida no la debemos a nuestros recuerdos ni a los tiempos que están por venir aunque las expectativas sean buenas o malas. Así, apreciaremos lo que nos va sucediendo en el tiempo presente.

Para habitar el presente he seleccionado 7 claves que puedes incorporar a tu cotidianidad.

Corta con los pensamientos de preocupación que están robando toda tu atención.

Por lo general se trata de recuerdos desagradables, que pueden ser experiencias o ideas que se convierten en algo qué, cuando hacemos algo termina haciendo eco en nuestra cabeza.

Lo recomendable es encontrar momentos para descansar y dedicarlos a pasear en entornos naturales.

Explora el mundo del mindfullness.

La meditación nos ayuda a alejar la atención de interpretaciones de la realidad que se encuentren basadas en el pasado y en el futuro.

El mindfullness es una forma de meditación que ha sido muy estudiada y fácil de practicar. También ha probado ser eficaz en el momento de evitar recaídas cuando anteriormente se ha experimentado la depresión.

Aprende ejercicios de relajación.

Existen muchos ejercicios de relajación que se concentran en los músculos y en abrir la capacidad de los pulmones al máximo.

Estas técnicas ayudan a cortar con aquellos pensamientos que suelen ser intrusivos y que por lo general se encuentran vinculados al pasado.

Juzga de manera racional tus expectativas y metas.

Una manera de aligerar las cargas y comenzar a apreciar las experiencias vinculadas al presente es a través de la valoración de los objetivos y responsabilidades propias. Por esa razón es que el tiempo que se invierte en realizar un balance de las prioridades en busca de bienestar será un tiempo de provecho. De esta manera evitará un desgaste innecesario.

Aprende a gestionar la autoestima.

Es importante hacer de la autoestima una herramienta para conocerte de forma fiel y no algo que te esclavice o te haga sentir mal por no cumplir las expectativas que tú misma te has impuesto.

Si todo lo realizas con la mirada puesta en si eso te acerca a tu yo ideal estarás desaprovechando oportunidades de experimentar lo genuino de cada vivencia porque tu atención estará enganchada en un ideal que existe en el mundo de tus ideas.

Realiza actividades deportivas.

Estas actividades te ayudan a centrarte en el presente ya que te exigen esfuerzo y concentración en lo que ocurre. Es una herramienta útil para desanclar tu atención de las preocupaciones.

Explora maneras de encontrar sentido a la vida.

Como en las lecturas anteriores es importante recordar que la vida tiene el sentido que le quieras dar y esa idea es fundamental para gestionar todas aquellas expectativas que percibas que no sean para tu beneficio.

Finalmente, es importante que reflexiones sobre la naturaleza del tiempo. No existe un tiempo más que el que tienes ahora y esa es tu riqueza. Aunque creas que un futuro pueda ser más o menos agradable que el que vives, no es posible saberlo y no tendrá nada que ver lo con que esperamos o pensamos.

Cuando el momento llegue, también existirá un ahora y que podrá ser olvidada con la misma facilidad que el momento que vives actualmente. Es decir, los momentos siempre estarán en constante cambio respecto a las expectativas que puedas tener de ellos.

Por esta razón es fundamental que mientras puedas hacerlo, puedas aprender a usar de la mejor manera los momentos que dispongas. Para esto, será necesario que te esfuerces en prestar mucha atención al momento presente porque es un momento fugaz y es posible que quedes atrapada en paisajes sensoriales y mentales, para luego obsesionarte con lo que allí habita.

Puedes dar muchas vueltas en torno al futuro y renegar del pasado, incluso puedes pensar que las cosas funcionarán bien cuando las cosas ocurran cuando tú quieres.

Vivir el aquí y el ahora es un despertar que puede ubicarte más allá de la atracción o del rechazo, más allá de lo que te gusta o desagrada, e incluso más allá de aquellas pautas mentales que son destructivas y que parecen ser incuestionables.

También será independiente del asunto que tengas entre manos y de lo insuperables que parecieran ser los obstáculos.

Esta será una posición ventajosa y de perspectiva que te ayudará a sentir de manera profunda los instantes.

El presente, se encuentra lleno de posibilidades. El momento siguiente ha de depender de la presencia mental que tengas y será diferente de cómo te lo imaginas en el momento en el que quedas atrapada en remolinos de tu mente, angustiada por cómo habría de ser el futuro.

El único modo de cuidar el futuro es haciendo del presente el lugar de todos tus esfuerzos. La invitación es que actúes con integridad, bondad, presencia y compasión, tanto hacia ti como a los demás.

DIA 12: La realidad vs. TU REALIDAD

Silvana se siente a menudo frustrada por la imposibilidad de lograr aplicar a un empleo. Muchas veces logra pasar los filtros en la selección del personal, pero nunca ocupa el puesto. En otras convocatorias ni si quiera la llaman para anunciarle que no quedó seleccionada.

Silvana se encuentra desesperada y siempre acude a las convocatorias con una alta expectativa de quedar pero no sucede. Comienza a considerarse con las competencias insuficientes para trabajar, pero olvida que en general, hay por lo menos otras mujeres en su ciudad que están cruzando por el mismo problema, porque los índices de desempleo subieron y todas ellas están buscando con la misma urgencia las posibilidades de lograr un puesto en una empresa. Con frecuencia surgen conflictos por las expectativas que nos creamos cuando estos chocan con los hechos que ocurren. Por lo general, lo que pensamos que puede suceder no es lo que ocurre.

Las expectativas que solemos crear ante una situación o persona pueden resultar muy peligrosas si estas se encuentran alejadas de la realidad. En este sentido, la distancia entre lo que sucede y lo que imaginamos determina cómo nos sentimos.

La realidad es una construcción hasta cierto punto por quien observa. Por lo tanto, tiende a ser subjetiva. Todas aquellas cosas que observamos pasan a través de nuestro filtro personal el cual está constituido por valores, experiencias, creencias, características biológicas y relacionales y el contexto cultural del momento.

Por esta razón, nunca llegaremos a conocer la realidad tal cual porque siempre será observada de forma particular por nosotros.

Tener en cuenta lo anterior puede ayudarte en tu día a día para entender cómo son las relaciones que mantienes con las otras personas y con las circunstancias. De esta forma, tendrás un mejor entendimiento y podrás desechar la postura tan rígida que ocasionalmente puedes tener al intentar llevar por la fuerza el cumplimiento de tus expectativas.

Las expectativas son aquellas creencias, ilusiones, deseos y valores que has generado en función de diversos factores como tu educación, tu personalidad y la forma de relacionarte: es lo que esperas de algo o de alguien.

Es probable que te encuentres escuchándote decir las siguientes frases: "Estoy segura que va a traerme un detalle, porque hace mucho tiempo no nos vemos". "Cómo es su día libre estoy segura que desayunaremos juntos". "Me llamará pronto". Constantemente tienes la seguridad de que algo va a ocurrir y por esa razón esperas que así sea.

¿Qué puede ocurrir cuando no se cumplen las expectativas? ¿Qué sucede cuando llevas esperando todo el día esa llamada que tanto deseas? o ¿Qué sucede cuando sales con alguna persona y lo que haces no se asemeja a lo que habías imaginado? Puedes desilusionarte o frustrarte, incluso puedes que se genere o prolongue algún tipo de conflicto por esa razón.

Te costará asumir que si algo te decepcionó fue más bien debido a la expectativa que te generaste que los acontecimientos en sí. Por esa razón es fundamental vivir en el aquí y el ahora, como lo he expresado en otras ocasiones, teniendo presente tus propias construcciones de la realidad, y de manera consciente podrás aumentar tu bienestar personal y social sin estar aferrada a las esperas.

Para lograr vivir libre del peso de las expectativas esto paso a paso dejo recomendaciones.

Identifica las expectativas propias y sobre los demás.

Deja que los demás hagan su parte y enfócate en encargarte de la tuya. Procura hacer el esfuerzo consciente de promover un silenciamiento en tu interior toda vez que quieras controlar el flujo de las situaciones. Obsérvate y deja fluir.

Procura quitar el juicio de fondo.

Con frecuencia, cada expectativa frustrada encierra un juicio de valor. Al reconocer la cantidad de juicios qué sueles emitir de forma inconsciente en cada momento podrás darte cuenta de la energía que se desperdicia y que podrías utilizar en algo constructivo. La clave se encuentra en aceptarte y perdonarte.

Desecha los adjetivos calificativos sobre ti y sobre otras personas.

Al calificar las experiencias como buenas o malas, positivas o negativas te encuentras en desventaja, ya que probablemente se consolida una tendencia a proyectar tu expectativa en búsqueda de ejercer un control. Busca la neutralidad y procura disfrutar del momento tal cual se está presentando: con seguridad obtendrás aprendizajes.

Concilia tu autoestima con lo que eres en esencia.

La forma en que te ves en relación con el mundo es tu autoestima. Si ésta no está en consonancia con lo externo significa que hay una distorsión. La clave está en trabajar conscientemente por hacer los ajustes necesarios para lo que lo que hay adentro y lo de afuera sean concordantes siempre.

Libera la carga oculta.

Cuando se producen las expectativas se genera un peso, y una energía negativa que se acumula en ti de forma inconsciente. El objetivo será desarrollar la destreza para que no arrastres tanto lastre por la vida. Es importante que aprendas a soltar lo que no coincide con tu molde emocional o mental en el momento en que ocurre. Por otro lado, es importante es que te animes a vivir pequeños duelos cotidianos en cosas sencillas. Empezarás pronto a sentirte más liviano, con menos peso.

Enfócate en lo que quieres sin aferrarte a un cómo.

Aparentemente muchas de las cosas que quieres alcanzar en tu vida puede depender de otras personas. La verdad es que depende de ti lograrlo con el enfoque adecuado. Hay personas que culpan a otros o a las circunstancias que viven por no poder alcanzar eso que desean y esto radica en que se encuentran aferrados a un determinado cómo que han construido en su mente.

Una vez sepas lo que en realidad deseas sabrás que hacer para lograrlo y no vas a permitir que otras personas decidan cuándo lo vas a tener. Si estás en un trabajo que no te otorga lo que deseas y te aleja de tu objetivo, lo más coherente es dejar de esperar algo que no llegará y moverse hacia otro sitio en donde puedas acercarte a la meta que tienes. Cuando defines lo que quieres te sientes en control de lo que debes hacer y esto te genera una sensación de satisfacción ya que no sigues aferrada a expectativas externas.

DIA 13: Soy tu espejo y me reflejo: Lo que veo en ti, también vive en mí

Ana María se encuentra en su primer estado de enamoramiento con Camilo. Aunque no lo conoce muy bien, ve en él una cantidad de características de las cuales se enamoró. En su experiencia intensificó lo bueno e importante que quería ver en él. Por otro lado, en ese estado de enamoramiento, aunque ella tenía defectos que no toleraba en sí misma, sí lograba hacerlo cuando los identificaba en él.

La proyección es un mecanismo de defensa que usas en tu vida. Por ser un mecanismo involuntario no puedes darte cuenta hasta qué punto puede influenciarte a la hora de aceptar o modificar la realidad.

La proyección fomenta una distorsión de la realidad que puede ser útil, pero genera conflictos con tus propios valores y emociones. Lo que te molesta de los demás es en realidad una parte de ti misma que rechazas.

La función principal de los mecanismos de defensa es protegerte ante la posibilidad de sufrir un nivel alto de ansiedad o insatisfacción emocional.

Desde este horizonte, la proyección es un mecanismo de defensa en el cual ponemos en el otro lo que realmente forma parte de nosotros. Si la proyección no suele ser intensa puede ser beneficioso porque no sirve para entender a los demás y sería la base de la empatía.

Puedes entender la tristeza de un amigo porque has estado triste alguna vez y al imaginar cómo está sufriendo algo con lo que te entéricas puedes entenderlo mejor.

Podemos proyectar cualquier aspecto de nosotros mismos en los demás, por ejemplo, proyectar emociones que nos resultan complejas de sentir, necesidades propias que satisfacemos en los demás o rasgos de nuestro comportamiento que no nos gustan y que sí los vemos en otros.

En las necesidades no satisfechas por ejemplo, hay una fuerte proyección en la elección de la pareja. Puede suceder que elijas parejas que se encuentren en una situación de fragilidad o vulnerabilidad lo que puede colocarte en la posición de cuidar y ayudar demasiado a otros y descuides tus propias necesidades.

También es habitual que proyectamos en los demás aspectos o rasgos de nuestro comportamiento que rechazamos: criticamos a menudo y atacamos sus rasgos generando así conflictos en la relación con la persona en la que estamos proyectándote.

Este tipo de situaciones suelen ser muy comunes en las relaciones sentimentales.

Es probable que puedas pensar en una situación donde te sientas enfadada con tu pareja porque crees que no tiene las cosas claras y dudas al respecto del futuro de la relación. Esas dudas pueden no son del otro sino la proyección de nuestras propias dudas o miedos y sólo podemos enfrentarlo si aceptas esas dudas en pareja y puedes ver también las propias. Estarás más cerca de resolver el afrontar ese tipo de conflictos.

Para aceptar lo que proyectas en los demás es necesario qué comprendas que la proyección te hace daño porque te aísla de las realidades. Cuando la proyección suele ser grande tu percepción de la realidad es distorsionada y te impedirá afrontar conflictos vitales.

Únicamente desde la aceptación de la realidad puedes afrontarla y cambiar aquellas cosas que te están haciendo sufrir o que están bloqueando tu vida. El autoconocimiento, como lo hemos visto en otros momentos, puede ayudarte a ser consciente de lo que has proyectado y por tanto a dejar de hacerlo.

Cuando dejas la costumbre de proyectar y te haces cargo de lo que sientes y lo que necesitas como de lo que te gusta y no te gusta cruzarás un camino más o menos doloroso pero mejorará tus relaciones personales pues aceptas tal y como son las personas y puedes ser más sincera con ellos. Es entonces cuando tienes la oportunidad de vivir libremente en sintonía con lo que realmente quieres contigo y con los demás y de esa forma tendrás la oportunidad de vivir libremente en sintonía con lo que quieres realmente.

Finalmente, la madurez y el tiempo pueden enseñarte a no proyectarte en las demás. Esto también significa que tendrás conciencia en buscar relaciones justas en tu trabajo, en la vida social y en la vida afectiva, pero también sabrás delimitar dónde acaba el problema de los demás y dónde empieza el tuyo. Comprenderás que las proyecciones son espejos en las que puedes ver lo que no te gusta de ti misma. Cuando lo entiendes es muy útil para ahorrarte disgustos.

No obstante, aunque ser consciente de esto puede relativamente fácil, aplicarlo no lo es y hay in personas que pueden pasarse la vida en el plano del pensamiento tratando de entenderlo. Por esa razón es bueno que tomes decisiones y seas proactiva al respecto.

Si eres realista estarás de acuerdo en que todas las personas tienen defectos y qué es posible que así lo sostengan durante mucho tiempo aunque puedan pulirlos y finalmente puedas aceptarlos. El afán de perfección está relacionado con momentos que has vivido y que no quieres repetir.

Por otro lado, es recomendable buscar experiencias positivas y evitar ante todo las relaciones tóxicas. Adicionalmente, es bueno cultivar la empatía que se convierte en una necesidad para mantener relaciones sociales de forma exitosa. Muchas personas no están dispuestas a ceder y se convierten en personas que buscan sostener a toda costa su postura. Tener en cuenta lo que has aprendido permitirá que no te lleves grandes decepciones y especialmente disfrutar de lo mejor que las personas te puedan ofrecer.

DIA 14: Nada es personal

Cinthia es trabajadora en una empresa donde su labor es supervisada por varias personas. A veces suele confundir los llamados de atención laborales con personales y termina por frustrarse en el momento de establecer relaciones sanas con las personas que revisan su trabajo.

Este tipo de confusiones son comunes incluso para nosotras, y es probable que tú misma hayas vivido una situación similar.

Es probable que cuando alguien te decepcione te lleves ese comportamiento al plano personal. También es probable que te culpes por lo que ha ocurrido o que pienses que la persona tiene algo en contra tuyo. Sin embargo, al tomarte las cosas de manera personal puedes tener una cotidianidad agotadora y puede ser un trabajo cognitivo innecesario que puede terminar dañando tu autoestima.

Existe una diferencia enorme entre ser reflexivo y adjudicarse las cosas de manera personal.

Si aprendes que nada es personal podrás tener un control mayor sobre tus respuestas y sobre tus emociones, además no permitirás que éstas dependan de los comportamientos que tengan las demás personas contigo.

Tomarse las cosas como personales, implica que te que involucres demasiado en las situaciones pensando que absolutamente todo gira a tu alrededor. El problema es que esta forma de ver las cosas puede hacerte sentir miserable al generarte un estado de inconformidad permanente y un gran sufrimiento mental. Es posible que termines experimentando emociones incómodas como la ansiedad, la ira o la culpa.

También resulta muy difícil no tomar las críticas, los comentarios ofensivos o las humillaciones de manera personal. Las actitudes, palabras y comportamientos de los demás nos afectan directamente y es imposible evitarlo. No obstante, podemos aprender a gestionar esas reacciones primarias adoptando una distancia mental de la situación pero evitar que estas nos generen un daño o nos obliguen a ingresar en un círculo vicioso de pensamientos negativos que sean recurrentes.

A esto se le llama personalización y existen varios tipos. Dejaré a continuación cuáles son y cómo los puedes evitar.

No asumas las desilusiones y batallas de forma personal.

Cuando personalizas tiendes a percibir los eventos difíciles que en muchas ocasiones son inevitables como el resultado de un fallo tuyo o como que el universo no conspira a tu favor. Esto puede suceder si te niegan el ascenso en tu empresa y pienses que es porque el jefe no te tiene aprecio cuando la realidad puede ser otras las razones.

Al llevar las cosas al plano personal en lugar de considerar las opciones posibles sueles limitarte a valorar únicamente aquellas alternativas que estén directamente vinculadas a ti misma y esto probablemente genere que concluyas de forma errónea y esto afectará tu comportamiento.

La recomendación es que te concientices sobre tu tendencia a tomar las cosas de forma personal, en especial cuando las situaciones puedan salirse de control. Toma consciencia de cómo podrías reaccionar ante las situaciones que te generen decepción y aprende a superar la frustración que esto pueda provocarte.

Sí sueles pensar que el universo entero está en tu contra, verifica con qué frecuencia lo haces para cambiar ese patrón de pensamiento. Cuando reconoces la personalización puedes preguntarte si la respuesta que has ofrecido es racional y busca ofrecerte otras explicaciones.

Por otro lado reconoce que no siempre sabes los motivos detrás del comportamiento de otras personas. En vez de tomar como personal lo que ha ocurrido con alguien simplemente asume que no siempre puedes saber por qué las personas se han comportado contigo de esa manera. El mundo no gira alrededor tuyo: existen muchas variables más que puede estar determinando el comportamiento que pueda tener esa persona.

En múltiples casos las críticas, los desaires y las humillaciones dicen más de lo que hace esa persona que lo que puedes hacer tú. En muy pocos casos la intensidad de ese comportamiento es equiparables a lo que tú has hecho o dejado de hacer sino que dependen del estado ánimo de la persona de las expectativas que tiene y de otros factores que pueden escapar de tu control.

No asumas la felicidad o las decepciones de otros de manera personal.

En este sentido, crees que eres el responsable de los demás, de los comportamientos que tengan o incluso de los sentimientos. Piensas que la felicidad y la infelicidad de ellos dependen de ti, de manera que te apropias de sus batallas y arrastras sus fracasos como si fueran los tuyos propiamente.

Este tipo de personalización te hace daño a ti porque te obliga a cargar con un peso que no te corresponde pero también daña la otra persona, ya que cuando asumes sus responsabilidades le impides madurar y hacerse cargo de su propia felicidad.

La recomendación es que cuestiones tus creencias, por ejemplo, hasta qué punto podrías ser responsable de los éxitos o de la felicidad de las otras personas. Es obvio que cuando se trata de personas cercanas el comportamiento podría influir en su bienestar pero no debes olvidar que esas personas deben tomar sus propias decisiones por lo que tú control podría ser muy limitado.

No puedes controlar la vida de otros, ni tomar decisiones en su lugar. Esto no sería justo porque tu nivel de control y conocimiento es limitado y no eres responsables por sus éxitos ni por sus fracasos.

Podrás estar dispuesta ayudar a esas personas, pero ellos deben probar las caras tristes de la vida individualmente.

Cuando superes esta segunda forma de personalización es probable que sientas que haya representado un enorme desafío para ti, sobre todo cuando has asumido por mucho tiempo la responsabilidad sobre otras personas cercanas. No obstante, dejar de sentirte responsable por la vida de los demás es liberador pero también permitirá que la relación con esas personas mejore y en su lugar, tomarás el control de tu vida emocional para tomar decisiones acertadas desde una perspectiva mucho más coherentes contigo misma y este es un cambio que vale la pena.

Finalmente, recuerda que no siempre serás una prioridad para los demás. Por esa razón debes ser una prioridad para ti misma. Aprende a respetarte, respetar tu experiencia y a cuidar de ti misma. No espera a que otros te elijan.

Semana 3

DIA 15: Practicando "la magia de volver a empezar"

Eva se sentía deprimida, le tocó comenzar de nuevo, pero no sabía cómo hacerlo. Es duro, con una hija de 3 años, un divorcio, ahora le toca afrontar un despido inesperado.

Así es la vida, en ocasiones nos presenta retos, pero la buena noticia es que tenemos la capacidad de afrontarlo.

Para Eva lo difícil fue gestionar sus emociones, una vez que aprendió a controlar la depresión, ansiedad y la desesperación, se dio cuenta que eso que parecía el fin, realmente era un nuevo comienzo.

Por supuesto, no fue fácil pero buscó ayuda. Un año después, Eva tiene su propio negocio, ya no depende de que alguien la contrate y tampoco se expone al peligro de ser despedida y perder su estabilidad.

Trabajó un año para llevar hacia adelante una tienda online de ropa, y antes de lograrlo, tuvo que dar una serie de pasos que le permitieron experimentar la magia de volver a empezar.

A continuación, te presento los pasos que le funcionaron a ella:

Perdonar y superar

Para empezar de nuevo, y no quedarte estancada en emociones negativas, miedos, y conflicto, lo primero que necesitas es sanar las heridas y dejar atrás los conflictos.

Para ello debes perdonarte a ti misma. Evita huir, o ignorar, necesitas afrontar, pararte frente a frente al conflicto, frente a eso que te afecta, y reconocer que no es tu culpa. Puede que tengas responsabilidad por lo ocurrido, pero perdónate y no te culpes.

También es importante perdonas a los otros que pudieron estar involucrados. Por ejemplo, en una ruptura la responsabilidad es de ambos en la relación, perdónate y perdona al otro, y aprende cómo evitar los errores que cometiste o cómo evitar ser víctima de nuevo de los errores que la otra persona cometió.

Es así como no tendrás nada pendiente en tu nuevo comienzo.

Autoconocimiento

Si quieres vivir la magia de volver a empezar, es importante conocerte mejor a ti misma. Cuando una etapa acaba, cuando vas a reiniciar tu vida, algo en ti ha cambiado, y debes estar consciente de qué es.

Analiza lo que quieres dejar atrás, pregúntate qué te motiva ahora, o qué has descubierto sobre tu motivación y pasión. Hazte consciente de en donde te encuentras y dónde quisieras estar.

Sigue el ritmo de tu pasión

Al comenzar de nuevo tienes la oportunidad de hacerlo bajo tus términos, si tomas control de ti misma, en este sentido, nada mejor que hacerlo desde tu pasión.

Escúchate, escucha tu pasión, eso que has reprimido por las circunstancias que hasta ahora te han rodeado o has vivido, date la oportunidad de que el nuevo comienzo te guíe hacia lo que tanto te da ilusión.

Haz anotaciones

En otras oportunidades, en este libro, te he mencionado la importancia de planificar, cuando se trata de un nuevo comienzo, también es necesario hacer anotaciones.

Organiza tus ideas, sueños, objetivos, de esa forma podrás mantener el foco. El acto de escribir lo que quieres comenzar te permite evaluar si es factible y si no lo es te ayuda a idear un plan para hacerlo factible.

Acepta la necesidad del cambio

Lo que sucede a veces es que nos enfrascamos en no querer cambiar, nos aferramos a una realidad que ya caducó, y entonces nos apegamos, nos conformamos al dolor, a la escasez, a lo que no tenemos.
Es importante estar en movimiento, y aceptar la necesidad de cambiar, de comenzar de nuevo, para tener una mejor realidad, es indispensable.

Confía en ti

Sin autoconfianza no es posible comenzar de nuevo. Y es cierto que algunos ciclos atentan contra ella, sin embargo, recuerda siempre que tú tienes el poder de reactivar tu autoconfianza.
Si has tenido malas experiencia tras decisiones importantes, no desconfíes de tu capacidad e intuición, más bien toma el aprendizaje de las experiencia pasada y alimenta así tu conciencia.

Cultiva el pensamiento positivo

El pensamiento positivo es fundamental para vivir con buena actitud, a la expectativa, para estar centrada, para mantener el foco. Por eso es necesario cultivarlo, alimentarlo. Céntrate en lo bueno, mira las oportunidades que hay en volver a empezar, puedes construir una vez más toda tu realidad y hacerla más a la manera de tus deseos.

De nuevo debo decir que las malas experiencias no determinan quién eres y qué puedes lograr, más bien sirven aprender, y para identificar cómo hacer las cosas una vez más.

Construye una mentalidad flexible

Los nuevos comienzos son mágicos, brindan oportunidades, nuevas experiencias, ayudan a regenerar nuestra visión de nosotras mismas y de la vida, y para disfrutarlos y verlos desde esa perspectivas hay que deshacerse de la mentalidad rígida.
Una mentalidad rígida no permite evolucionar, por eso debes construir una flexible, que te ayude a adaptarte y te mueva hacia nuevas etapas mediante nuevas formas de hacer las cosas.

No temas pedir ayuda

Eva pidió ayuda porque reconoció que su nueva realidad le abrumaba. No hay nada de malo en apoyarte en otros, compartir las cargas, conversar de tus problemas e incluso de tus anhelos. Solo necesitas buscar a alguien que pueda ayudarte, que al escucharte te brinde mejores perspectiva y te confronte para redescubrir tu nuevo comienzo.
Pedir ayuda no es signo de debilidad, sino de inteligencia.

No pierdas la paciencia

En ocasiones, al no ver que las cosas mejoran, a pesar de nuestros esfuerzos, nos desanimamos, pero si te detienes, todo tu esfuerzo anterior puede ser una pérdida de tiempo. Si ya has invertido tiempo, energía, emociones, ganas, ilusiones y acción, sigue adelante, porque a la vuelta de la esquina puede que comiences a ver los frutos de todo lo que has invertido.

No pierdas la oportunidad de vivir un nuevo comienzo, perdónate, mira al futuro sin perder de vista el presente, asegúrate de conocerte cada vez más, de conocer tu pasión y convertirla en tu faro de luz, anota todo cuanto deseas y por lo que quieres seguir adelante, acepta el cambio y confía cada vez más en ti.

Vigila tus pensamientos, mantente consciente de ellos, y alimenta una mentalidad flexible, sigue todos estos consejos que te he presentado y con seguridad lograrás vivir esa bonita magia de volver a empezar.

DIA 16: Reconciliación Conmigo

Edith guardó ira en su corazón hacia ella misma desde el momento en que abandonó su carrera de diseño gráfico para mudarse de ciudad por una oportunidad que le surgió y resultó no ser tan positiva. Ella no lo notó al instante, pero tomó su decisión vislumbrada por un salario que para el momento necesitaba.

Se dio cuenta en un instante cuando la propuesta se desvaneció seis meses después, cuando la empresa que la contrató decidió cerrar sus operaciones y quedó desempleada, en una ciudad diferente a aquella donde creció.

Le tocó comenzar de nuevo, y lo hizo a duras pena porque su molestia consigo misma le evitaba ver con claridad. Vivía como si fuera dos personas confrontadas entre sí, pero no lo notaba. Así que iba de mala decisión en mala decisión.

Un día decidió hacer un *stop*, se evaluó a sí misma, y se dio cuenta de lo que pasaba. Necesitaba reconciliarse consigo, con su ser interior, para tener paz mental, para mirar con claridad y retomar su vida con mejor actitud.

Lo logró, porque siempre es posible mejorar tu realidad y estar mejor contigo y con los demás.

¿Quieres saber cómo lo logró?

Te invito a conocer los pasos que le funcionaron:

No generalices

Los errores, fracasos o desaciertos, no determinan quién eres. Todo lo que ocurre tiene un propósito, y desde tu identidad necesitas descubrirlo, aceptarlo y avanzar. Cuando generalizas, convirtiendo eso que te enfurece en tu identidad, te separas de quien realmente eres y creas un conflicto en tu ser interior que se exterioriza en tus actitudes, reacciones, comportamiento y más.

Lo que sucedió una vez, y te llevó a una mala experiencia no es la norma, puede decirse que más bien es una anomalía en tu vida y puedes retomar el control para así superarla. No saques conclusiones acerca de ti misma.

Repara el daño

Cuando algo en el hogar se daña, digamos una tubería, la consecuencia estará afectando tu hogar hasta que lo repares. Lo mismo ocurre en tu vida. Cuando alguna experiencia te afecta a tal punto de sentir culpa, reproche y de enemistarte contigo misma, esa experiencia empañará tu visión, tu autoestima y con ello distorsionará tu realidad.

Es importante que, si notas que no estás funcionando óptimamente, si te sientes inquieta, si no te sientes cómoda en momentos de soledad, si no eres capaz de disfrutar buenos momentos, te apartes un instante para meditar y preguntarse qué se ha dañado en ti, repara ese daño y podrás reconciliarte contigo misma.

Sé tu mejor amiga

Cuando te sorprendas enemistada contigo misma, y sientas ese resentimiento que no te deja avanzar, lo ideal es que te trates a ti como tratarías a una amiga, ¿qué le dirías? ¿Le darías un mensaje negativo o positivo?

Siempre ayudamos a otras personas a sentirse mejor ante situaciones negativas, pero solemos ser duras con nosotras. Eso es algo que definitivamente hay que cambiar, solo así podremos tener una relación más positiva con nosotras mismas, y así crecer y avanzar sin que nada nos limite.

Extrae siempre un aprendizaje positivo

Esta mentalidad y perspectiva de la vida te ayudará a tener una mejor relación contigo. Ya te he hablado de ello en capítulos anteriores, pero es necesario reforzar este principio.

La vida es un camino de aprendizaje, hay cosas que antes no sabías y ahora sí las sabes, cosas que antes no podías manejar y ahora sí. El aprendizaje continúa y continuará por siempre, mientras tengamos aliento y esto realmente es maravilloso.

Así que es momento de mirar la vida con una perspectiva más positiva acerca de nosotras mismas. Reconcíliate contigo misma para avanzar sin detenerte, para seguir adelante y descubrir nuevas posibilidades, ábrete a nuevas experiencias, no permitas que nada te detenga.

Transita sin equipaje emocional negativo, sé leal a ti, fiel a ti, sé bondadosa contigo misma, si te tratas con amor y respeto, entonces todos a tu alrededor te tratarán de la misma forma.

Sigue estos pasos que te he compartido, y verás que disfrutarás mejor la vida y cada experiencia que vivas.

Espero que lo logres, porque quiero verte feliz.

DIA 17: Me perdono, Te perdono

Llegó el momento de profundizar en el perdón. He mencionado la importancia de perdonarte a ti misma y cómo influye en tu bienestar emocional. También he señalado algunas líneas respecto a perdonar a otros y avanzar sin ese peso que nos enferma.
La gran pregunta es cómo lo puedes lograr.
En este día vamos a trabajar en el perdón a ti misma y el perdón a los demás. Así que te pido que leas con atención y que te asegures de seguir cada uno de estos consejos que te quiero compartir.
Comencemos con "Me perdono", quiero que al final de este capítulo estés lista para perdonarte por cualquier experiencia de la que te sientas y efectivamente sea responsable. Quiero que estés lista para avanzar sin vergüenza y sin remordimiento. Que puedas seguir adelante, plena, satisfecha por quién eres, dispuesta a mantener una relación de perdón contigo misma y de bondad y amor.
¿Estás lista?
Estos son mis consejos para que inicies el proceso de perdonarte a ti misma:

Identifica qué te afecta

Cuando haces algo mal, eso te afecta porque queda registrado en tu sistema nervioso, es como una lesión, cuyo síntoma es la culpa. Si se trata de un error, si así lo consideras porque no actuaste como habrías querido, no conseguiste lo que buscabas, o las cosas no terminaron como imaginabas, seguramente a la culpa le acompañe la tristeza, decepción, vergüenza, remordimiento, y otros sentimientos negativos.

Lo alarmante es que ese tipo de lesiones o heridas emocionales que causan resentimiento de ti hacia ti misma, generan creencias limitantes, así que si no prestas atención terminas aferrándote a creencias como "no soy lo suficientemente buena", "no sé cómo hacer las cosas bien", "siempre me equivoco", entre otras.

En adelante actuar de forma positiva y coherentemente con tu bienestar se te dificultará, y así el sentimiento de culpa y remordimiento irá creciendo. Es por ello que debes identificar qué es lo que te está afectando, qué te causa tristeza o vergüenza o remordimiento sobre ti misma. Tratar de perdonarte a ti misma, sin soltar la creencia limitante que se ha formado y la emoción o sentimiento negativo, es inútil.

Así que al identificar eso que te afecta debes identificarlo en toda su dimensión, ese es el primer paso para perdonarte.

No te aferres al pasado

Vivir en el pasado, te ancla a lo que ha sucedido, así como vivir mirando al futuro y nada más crea un desbalance, necesitas plantarte en el presente y reconocer que lo que has vivido es parte de tu vida y no es tu vida.

Hazte consciente de que en cada momento te reconstruyes, te reconfiguras, por tanto no debes apegarte a lo que en el pasado te afectó. El pasado debe servirte como una referencia, como un libro de donde extraer lecciones, y todas las lecciones son positivas, porque son aprendizajes.

Incluso los momentos más amargos, cuando sueltas el pasado se convierten en un punto positivo en tu vida, en una experiencia que te ayuda a mirar nuevas formas de actuar, de decidir y afrontar la vida.

Cuando te perdonas, te estás liberando de una parte de ti que ya no es parte de ti. Sé que suena paradójico, pero así es en realidad. Si te perdonas es porque desde ese momento ya estás dispuesta a ser otra persona, la misma pero con otras características adicionales, con otras cualidades, con otros aprendizajes, vas sumando cosas positivas de tu experiencia pasada, y las negativas se van quedando atrás.

No te escondas de ti misma

Cuando alguien nos ha ofendido, y su presencia nos molesta, como respuesta natural tendemos a evitarla. Esto es un error grave. Necesitas encararte a ti misma, es la única forma de perdonarte. Mi consejo es que te pongas frente a tu espejo y comiences a dialogar contigo.

Expresa qué es lo que te molesta, qué necesitas perdonarte para estar más cómoda con quien eres. De esa forma podrás soltar esa vergüenza, remordimiento, esa molestia, y tener una mejor relación contigo misma.

Admite qué es lo que has hecho que te molesta, reconoce tu error, responsabilízate, encárate, y entonces acepta que ya ha pasado, que fue la inexperiencia, el mal manejo de tus emociones, la falta de información, o la causa que haya sido, comprométete a no volver a hacerlo y así sigue hacia adelante.

Es mejor encararte, deja de esconderte, de ignorar tus emociones, y atrévete a perdonarte.

Ámate a ti misma

Es más fácil perdonar cuando se ama, se está más dispuesta a considerar el perdón, a escuchar, a ser bondadosa. Por eso es importante que te ames a ti misma, así te aferrarás a esas buenas emociones y sentimientos que sientes por ti.

Deja de ser dura contigo misma, aprende a manifestarte amor, repítete cuánto te amas, por qué te amas, enumera todo lo que te gusta de ti, tus cualidades, tus fortalezas, tus logros, por qué te sientes orgullosa de ti misma.

Si te repites las cosas positivas hacia ti misma, tu amor irá creciendo y podrás tolerar más tus errores y equivocaciones, lo que te facilitará el perdón. Confía en ti, de esa manera sabrás que si en alguna ocasión te equivocas, lo has hecho sin la intención de dañarte. Con estos consejos lograrás tener una relación positiva con tu ser interior, de hecho, puedes aplicarlos para perdonar a otros, pero quiero compartirte otros consejos adicionales para poder expresar ese "te perdono" a otros:

Reflexiona en los beneficios del perdón

Cuando conoces los beneficios de perdonar a los demás, sin duda alguna quieres disfrutarlos. ¿A quién le gusta vivir enferma emocionalmente? ¡A nadie!

Perdonar te permite vivir más ligera, más feliz, te da hasta mayor esperanza de vida y calidad de vida, cuando perdonas te libras de un peso que a veces genera hasta insomnio, por eso te invito a reflexionar en los beneficios del perdón, y así estarás dispuesta a soltar la ira, el enojo, el resentimiento, y disfrutar tu vida.

Piensa en cómo te afecta no perdonar

A veces pensamos que al no perdonar estamos castigando a la otra persona, la verdad es que el castigo es mayor para nosotras mismas, porque alimentar el sentimiento de odio, rencor, resentimiento, y otros más que se producen por no perdonar, nos genera enfermedades mentales, emocionales y físicas.

Siéntate a pensar cómo te está afectando el no perdonar a otros, y pregúntate si vale la pena pagar ese precio.

Ofrece perdón a quienes te han lastimado

Para perdonar no necesitas que te pidan perdón, sería lo más ideal para que la otra persona se libere de la carga, sin embargo, tú puedes ofrecer el perdón. Hazlo por ti misma, hazlo para no cargar con el dolor y el sufrimiento.

Cuando no perdonas estás autorizando a las emociones que te afectan a que sigan internalizándose en ti y afectándote, libérate de eso, ofrece perdón.

Vale la pena trabajar en el proceso de perdón, a veces puede ser doloroso, y requerir de mucho tiempo, sin embargo, te invito a iniciar.

Ten en cuenta que perdonar no es olvidar, sino disminuir la carga emocional y mental, que muchas veces se refleja en dolor físico.

Perdónate y persona, y te sentirás más libre, serás capaz de concentrarte en tu bienestar, en tu desarrollo personal y en tu amor propio. Te ayudará a cuidar tu mente, tu salud, a estar más conectada contigo misma.

DIA 18: ¿Dónde está mi valor?

Alba llegó a ese momento en la vida, en el que cayó sobre su sofá, exhausta, cansada del día a día, observando todo a su alrededor, encogiendo sus hombros y preguntándose dónde está mi valor.
Ella se refería tanto a lo que vale, como al valor a la valentía. Y es que la falta de consciencia de valor, de importancia, influye en tu valentía. Cuando no tienes claridad sobre quién eres difícilmente puedes tomar acción con base al coraje, la valentía y la osadía.
Así que Alba decidió hacer una lista de cosas por las que debía reconocerse como una mujer de valor, y al final del día se dio cuenta que era momento de vivir con mejor actitud.
Es mi deseo que, al igual que Alba, puedas iniciar cada día con valentía, valorándote. Así que te regalaré algunos consejos:

Jamás lo olvides: eres importante, eres valiente

Eres más importante de lo que a veces piensas. Tu existencia tiene un significado y un valor que es superior a cualquier cosa. El hecho de que estés viva significa que tienes un propósito. Existes, piensas, sientes, vives y actúas por y para algo.

Comienza a reconocer qué es ese algo. Eso te inspirará valentía, porque vivirás con un propósito., Repítete cada día que eres importante, que tienes un propósito, que estás aquí y ahora y eso tiene un gran significado.

Tu valor está en ti, en tu propia existencia.

Eres única e irrepetible

Tienes un valor tan grande que nadie podrá reemplazarte. El lugar que tu ocupas es tuyo y de nadie más. Tú tienes experiencias únicas, y las has interpretado bajo tu lente, piensas de una forma especial, tienes sabiduría, es momento de comenzar a reconocerlo y a aceptarlo.

Tus habilidades te hacen única, irremplazable. En algunos ambientes laborales nos han dicho "eres prescindible, eres reemplazable", pero eso no es cierto. Solo lo dicen para creerlo así y no reconocer tu gran valor. No seas como ellos, repítete lo contrario, repítete: "eres imprescindible, eres única, eres irremplazable".

Allí está tu valor, en tu identidad única.

El mundo reclama tu propósito

Hoy te has levantado para cumplir roles, tareas, responsabilidades. Te has levantado de la cama para ser quién eres, para hacer lo que debes hacer, y eso significa que el mundo necesita de tu actuación.
Eres un ser único, como ya te he dicho, así que atiende a la llamada de la vida, del mundo, haz tu aporte, deja tu huella, déjate sentir.
Tu valor está en lo que representas, en lo que aportas.

Descubre tu fuerza motriz

Tu valor también está en tu motivación. Si te permites la desmotivación, te desconectas de tu pasión, de tu identidad y de tu valor. Y me refiero a tu valor en el sentido de importancia y de valentía al mismo tiempo. Porque cuando pierdes la motivación te haces cobarde también.
Así que cuando sientas los síntomas de la desmotivación, recuérdate tu fuerza motriz, eso que te impulsa, lo que te motiva desde tu deseo más ardiente. Descubre esa fuerza motriz y aférrate a ella.
En resumen, ten en cuenta que tu valor dependerá de la forma en la que te ves, de cómo te trates a ti misma, de cómo te construyes a ti misma.
Convierte tu valor en una meta irrenunciable.

DIA 19: ¿Que me está diciendo la vida?

Tenemos el poder de interpretar la vida, la realidad, y con base a ello reconfigurarla. La pregunta es cómo hacerlo, cómo saber qué nos dice la vida.

En este día quiero orientarte para que logres aprovechar ese gran poder.

En primer lugar, ten en cuenta que el lenguaje con el que piensas y hablas te permite contarte una historia, y esta tiene un gran alcance porque moviliza tus actitudes y comportamiento.

Cuando te sucede algo negativo, por ejemplo, puedes decir que la vida te dice que te lo mereces, que es un castigo, que solo te suceden cosas negativas, y con eso estarás condicionándote a eso que estás interpretando. Puedes tomar un pensamiento positivo, y descubrir que la vida te está brindando lecciones importantes en un momento decisivo para así tener mejor visión a futuro.

De la misma forma cuando la vida parece que te dice que las cosas son difíciles y que lo mejor es renunciar, debes abrir mejor tu mente, tus ojos y oídos ante la vida, porque tal vez te está diciendo que eres capaz, que puedes afrontar grandes retos, que estás preparada para tener éxito pese a cualquier dificultad.

Tú siempre podrás elegir qué interpretar de la vida, pero si elijes una perspectiva positiva, te asombrará descubrir hacia dónde te está guiando la vida.

En ocasiones se nos presentan oportunidades, para las que pensamos que no estamos preparadas, sin embargo, si la vida las pone frente a ti es porque sí lo estás, ante tales oportunidades puedes interpretar que la vida te dice que estás en el camino para descubrir y ofrecer tu don al mundo para ayudar gracias a esa oportunidad.

Créeme, cada día es un nuevo descubrimiento, es una oportunidad que la vida te da diciéndote que puedes crecer y que puedes conseguir tu plena realización. Para agudizar tu sentido de interpretación de los mensajes de la vida, te propongo que pienses en una situación de tu pasado que te haya dañado. Recuerda los acontecimientos que te ocurrieron en ese momento de tu vida. Presta atención a las emociones que se despiertan.

Identifica, desde la perspectiva de esas emociones, cuál es la interpretación que hiciste de ese acontecimiento. Puede que sea una interpretación de dolor, de tristeza, de arrepentimiento, una interpretación negativa.

Eso sucede cuando interpretas desde una posición de víctima, oyes que la vida te está diciendo que eres una víctima.

Ahora, cambia la interpretación de lo que sucedió, de ese evento que has recordado y que ha despertado emociones negativas y dolor. Dale un resignificado desde una mirada positiva.

Encuentra lo positivo, para ello posiciónate como una protagonista en la experiencia, en vez de pensar "me hicieron daño", piensa en lo que te enseñó esa experiencia, y cómo te ha fortalecido, convierte la experiencia en una enseñanza específica, en una motivación, en una inspiración.

Ahora identifica las nuevas emociones que surgen desde esa interpretación desde el protagonismo, desde el positivismo. Y crea una frase positiva, potenciadora a partir de esas nuevas emociones.

Si te das cuenta le has dado un nuevo significado a una experiencia que te ha dañado y ahora te fortalece, y ahora te sirve de inspiración, de lección, y hasta posiblemente querrás contársela a alguien para explicarle lo que has aprendido porque te sientes feliz por haberte liberado de las emociones negativas que antes te estancaban.

Esto que hemos hecho, resignificando el pasado, es lo mismo que necesitas aplicar para interpretar el presente, para saber qué es lo que te dice la vida.

La vida jamás te hablará en clave negativa, porque vivir es positivo, vivir es oportunidades, vivir es un acto de alegría, es contrario a la muerte y al olvido.

Vivir te permite experimentar nuevas vivencias.

Así que la vida te está diciendo que tienes nuevas oportunidades, que puedes transformarte, que puedes ser valiente, que lo eres porque has sobrevivido con valentía a cada experiencia, que estás preparada para continuar.

DIA 20: Aceptar y soltar

Este día voy a regalarte una técnica conformada por 6 pasos para aceptar y soltar. A veces caminamos por la vida con una carga tan pesada que no disfrutamos el día a día.

Esa carga pueden ser experiencias pasadas o expectativas del futuro, pueden ser emociones que nos están dañando, y todo lo que nos impida viajar ligero por este rico viaje que es la vida.

Aplica esta técnica que muchas mujeres han implementado en sus vidas para aceptar lo que les ha ocurrido, el pasado, el presente, y soltar para así vivir felices.

Violeta es una de esas mujeres. Durante mucho tiempo se mantuvo aferrada al dolor por la muerte de sus padres, es hija única, y ellos murieron cuando era adolescente. Se dio cuenta que debía aceptar su realidad, cuando ya tenía 27 años, y que aceptar la muerte de sus padres no significaba olvidarlos, así que soltó el dolor que hasta ese momento había evolucionado en resentimiento hacia la vida.

Hoy en día ella disfruta de una familia hermosa, una hija de 7 años, una pareja que la ama y respeta, y ha logrado emprender y tener éxito.

Así como Violeta hay muchas mujeres que se aferran a experiencias dolorosas, y se privan a sí mismas de la libertad de vivir felices.

Quiero que tú sientas esa libertad, que te liberes de las cadenas del apego, de la codependencia, bien sea codependencia con el dolor, con una relación tóxica, o con el pasado. Sé libre, sigue esta técnica de 6 pesos:

Hazte consciente de a qué te has apegado

El primer paso puede ser el más difícil, pero es también el más necesario. Es el pilar para que el resto de los pasos funcionen.
Piensa en eso que equivale a tu droga emocional, a lo que eres dependiente, hacia lo que sientes apego. Si es una relación que ya se ha acabado, acepta que se ha acabado, pero identifícala primero, si es una experiencia dolorosa que ha pasado, acepta lo que pasó, pero primero identifícala.
Una vez la hayas identificado, da el siguiente paso.

Detén los pensamientos negativos

El apego proviene de la negación. Nos negamos a renunciar al dolor, a lo que nos hiere, y esa negación causa además pensamientos negativos sobre nosotras mismas.

Por ejemplo, cuando nos negamos a aceptar una realidad como que hemos sido estafadas emocionalmente, negamos que lo hemos sido, y al mismo tiempo pensamos que somos muy tontas como para haberlo evitado. Es contradictorio, pero es lo que sucede cuando no aceptamos y soltamos, nos dividimos, nos convertimos en un campo de batalla donde nos herimos constantemente.

Por eso deseo de corazón que aprendas a aceptar y soltar, para que no sigas hiriéndote, para que sanes. Así que como tercer paso, detén los pensamientos negativos.

Escribe en una carta todo lo que te has negado a aceptar

Esta parte es importante, porque al escribir lo que te daña, lo que no has querido ni podido aceptar, lo estás materializando, lo estás sacando de tu sistema, de tu alma, mente, de tus emociones.

Expresa en la carta todo lo que reconoces que te está causando daño, describe eso hacia lo que sientes apego y no has podido soltar.

Léela en voz alta

Ahora que ya está escrito, que has tenido la valentía de plasmar en papel eso que ya reconoces que debes aceptar y soltar, léelo.

La lectura debe ser en voz alta para que te escuches, es un paso importante para armarte de valor y soltar ahora que lo has aceptado.

Quema la carta

En este paso estarás enviándote un mensaje directo: estás quemando, estás dejando ir, estás soltando.
Es un paso simbólico que te ayudará a decirle adiós a los sentimientos y emociones que te genera aquella experiencia que te marcó. La habrás aceptado y dejado ir, para abrirte camino, para disfrutar la vida desde una nueva perspectiva.

En adelante disfruta cada momento

Llegó la hora de crear nuevas experiencias, nuevos recuerdos, así que disfruta cada momento, sabiendo que puedes aceptar y soltar, que eres valiente y bondadosa contigo.

DIA 21: Vivir la vida a colores

Hoy quiero decirte que la vida es variada, es una caja de sorpresas, con innumerables caminos, opciones, con idas y venidas, no es una perfección constante, lo que significa que debemos aprender a aceptar y soltar, como te he dicho en el día anterior.

Necesitas vivir la vida a colores, con paciencia y autocompasión. Las situaciones en la vida son como colores mixtos. Habrán situaciones con tonalidades claras, grises, otras con tonalidades más fuertes e incluso momentos oscuros.

Nos hemos enfrentado y seguiremos enfrentándonos a situaciones dolorosas, incómodas, molestas, desagradables y hasta insoportables. Pero también hemos vivido momentos satisfactorios, felices, de éxito, donde hemos reído y celebrado.

Hemos sentido soledad, y compañía, sin duda alguna experiencias nuevas, aprendizajes, porque así es la vida: colorida.

Abrirnos ante esta realidad que es innegable nos permitirá disfrutar cada color de la vida, porque cada momento tiene su esencia.

Aprovecha los momentos en los que compartes, en los que escuchas, descubres, escribes, cantas, vive con pasión, con fuerza, con emoción.

Resiste las situaciones imprevistas, porque ellas traen consigo la oportunidad de vivir emociones nuevas, combinadas, como la combinación de colores. Piensa en cada mensaje que la vida te da.

Relaciónate tanto con el mundo interior, con tus pensamientos y emociones, como con el mundo exterior, con lo que te rodea y con quienes te rodean. Reconocer lo colorida que es la vida te dará mejor sentido de vivir, te ayudará a experimentar la plenitud, la dicha de estar viva.

Recuerda siempre que la aceptación es darle lugar a las emociones, a las sensaciones, e incluso a los pensamientos que son difíciles, que es vivir sin juzgar, aceptar sin intentar controlar o evitar.

Dile sí a la vida y sus colores, practica la flexibilidad de tu mentalidad, para descubrir cada detalle en la vida, para sentirte a gusto incluso cuando lleguen las experiencias dolorosas. No a gusto con el dolor, pero sí con la lección, sí con continuar viviendo.

Recuerda que no eres lo que te sucede, no eres tu pasado ni tu futuro, tampoco eres tu presente. Todos los tiempos son las veredas de la vida, tú eres quien vive, así que disfruta el aquí y el ahora, resignifica cada vivencia, acepta los cambios.

Pregúntate qué es lo significativo para ti, cómo quieres seguir viviendo, cómo quieres escribir tus próximas páginas de la vida, y asegúrate que sea a todo color.

Conclusión

Hemos llegado al final.

Quiero felicitarte por tu constancia en la lectura.

Mi intención es que este libro te sirva como un diario al cual recurrir, un programa de 21 días para reconstruir y reconfigurar tu esencia como mujer.

Recuerda siempre que te mereces lo mejor, que eres una mujer de gran valor.

Estos 21 días han sido de transformación profunda, sin embargo, es necesario que continúes alimentando tu mentalidad y tu ser interior, para reforzar la transformación y mantener la perspectiva positiva que has alcanzado.

Sigue trabajando en incrementar la confianza y seguridad interior, mantén tu objetivo de elevar tu nivel de autoestima, recuerda que la autoestima debe trabajarse a diario, debes alimentarla, debes estar atenta a renovar tus pensamientos, a fortalecer tu positivismo, debes mantener viva la llama de tu motivación, tu deseo ardiente y tu pasión.

Por eso quiero recomendarte que repases las lecciones diarias de este libro, así seguirás renovando tu mentalidad, y cambiando tu ser interior para mantenerte plena, dichosa, satisfecha, para hacer crecer tu consciencia y claridad mental.

Cuida el equilibrio emocional, no permitas que las experiencias dolorosas te roben la paz y el control sobre tus emociones.

Tienes un potencial ilimitado, así que aprovéchalo, úsalo para tu bienestar y para el bienestar de quienes te rodean.

Te aseguro que si sigues cada uno de los consejos de cada día en este libro, vas a ser cada vez más resiliente, tendrás más fortaleza para desarrollar tu potencial, para alcanzar tu superación personal.

Nunca se deja de crecer, así que continúa expandiendo tus límites, venciéndolos y alcanzando tus objetivos.

Es mi deseo verte plena siempre, que mantengas la conexión con tu ser interior y vivas bajo tus términos, en coherencia con tu propósito de vida.

Disfruta cada día.

Made in United States
Troutdale, OR
12/20/2024

27092047R00086